Bucătăria Italiană Autentică 2023

Rețete delicioase din mama Italiei

Vlad Pop

CUPRINS

Gnocchi cu spanac şi cartofi 7

Gnocchi cu fructe de mare cu sos de rosii si masline 11

Gnocchi verzi în sos roz 15

Gnochi cu gris 18

Biluţe de pâine abruzzeană 20

Crepe umplute cu ricotta 24

Timbale de crep abruzzes cu ciuperci 27

Spaghete artizanale toscane cu sos de carne 31

Pici cu usturoi si pesmet 34

aluat de paste cu gris 36

Cavatelli cu Ragù 38

Cavatelli cu calamari si sofran 40

Cavatelli cu rucola şi roşii 44

Orecchiette cu ragu de porc 46

Orecchiette cu Broccoli Rabe 48

Orecchiette cu conopida si rosii 51

Orecchiette cu cârnaţi şi varză 53

Orecchiette cu peşte-spadă 55

risotto alb 64

Risotto cu şofran în stil Milano 67

risotto cu sparanghel 70

Risotto cu piper rosu 73

Risotto cu roşii şi rucola 77

Risotto cu vin roşu şi radicchio 80

Risotto cu conopidă cremoasă 84

risotto cu lămâie 87

risotto cu spanac 90

risotto cu dovleac auriu 93

Risotto veneţian cu mazăre 96

risotto de primăvară 99

Risotto cu roşii şi fontina 103

Risotto cu creveţi şi ţelină 106

Risotto cu "fructe ale mării" 111

Friptură de miel cu cartofi, usturoi şi rozmarin 114

Pulpă de miel cu lămâie, ierburi şi usturoi 116

Dovlecel umplut cu miel la fiert 118

Iepure cu vin alb şi ierburi 120

Iepure cu măsline 123

Iepure, stil Porchetta 125

Iepure cu rosii 128

Iepure înăbuşit dulce-acru 130

Iepure fript cu cartofi 133

anghinare marinate 135

anghinare romane 137

anghinare fierte 139

Anghinare, stil evreiesc 141

Tocană de legume de primăvară romană 143

Inimioare crocante de anghinare 145

Anghinare umplute 147

Anghinare umplute in stil sicilian 149

Sparanghel „în tigaie" 152

Sparanghel cu ulei si otet 154

Sparanghel cu unt de lamaie 156

Sparanghel cu diferite sosuri 158

Sparanghel cu dressing de capere și ou 160

Sparanghel cu parmezan și unt 162

Ambalaje cu sparanghel și prosciutto 164

sparanghel prajit 166

Sparanghel în Zabaglione 168

Sparanghel cu Taleggio si nuci de pin 170

timbal de sparanghel 172

Fasole în stil rustic 174

Fasole toscană 176

salata de fasole 179

Fasole și varză 181

Fasole in sos de rosii si salvie 183

caserolă cu năut 185

Fasole cu legume amare 187

Fasole proaspata, stil roman 190

Fasole proaspătă, stil umbrian 192

Broccoli cu ulei si lamaie 194

Broccoli, stil Parma 196

Broccoli rabe cu usturoi și ardei iute 198

Broccoli cu prosciutto 200

Mușcături de Pâine cu Broccoli Rabe 202

Broccoli rabe cu bacon si rosii 204

Prajituri mici de legume 206

conopida prajita 208

Piure de conopida 211

conopida prăjită 213

conopida înecată 215

Conopida cu patrunjel si ceapa 217

Gnocchi cu spanac și cartofi

Gnocchi cu cartofi și spanac

Face 6 portii

Deși nu sunt des făcute în Italia, uneori îmi place să servesc gnocchi cu tocană sau tocană. Absorb foarte bine sosul și sunt o bună schimbare față de piure de cartofi sau mămăligă. Încercați acești gnocchi (fără sos sau brânză) ca garnitură<u>Tocăniță de coadă de bou la roman</u>fie<u>Tocană de vită la Friuli</u>.

1 1/2 kilograme de cartofi la copt

1 pungă (10 uncii) spanac, tăiat

Sare

2 căni de făină universală, plus încă pentru modelarea gnocchi

1 ou mare, bătut

    1/2 cană<u>Sos de unt și salvie</u>

1 cană de Parmigiano-Reggiano ras

1. Puneți cartofii într-o oală mare cu apă rece pentru a se acoperi. Acoperiți cratita și aduceți la fierbere. Gătiți până când cartofii sunt fragezi când sunt străpunși cu un cuțit, aproximativ 20 de minute.

dezgheț. Puneti spanacul intr-o oala mare cu 1/2 cana apa si sare dupa gust. Acoperiți și gătiți până când spanacul este fraged, aproximativ 2 până la 3 minute. Scurgeți spanacul și lăsați-l să se răcească. Pune spanacul pe un prosop și stoarce lichidul. Toaca spanacul foarte marunt.

3. Cât timp cartofii sunt încă caldi, se curăță și se taie în bucăți. Piureați cartofii folosind găurile mai mici dintr-o moară de mâncare sau de făină sau cu mâna cu un zdrobitor de cartofi. Adăugați spanacul, oul și 2 lingurițe de sare. Adaugă 1 1/2 căni de făină până se combină. Aluatul va fi tare.

Patru. Răzuiți cartofii pe o suprafață cu făină. Frământați scurt, adăugând cât mai multă făină rămasă este necesar pentru a face un aluat moale, doar cât să-și mențină forma gnocchi când sunt fierți, dar nu atât de mult încât să devină grei. Aluatul trebuie să fie ușor lipicios. Dacă aveți dubii, aduceți o oală mică cu apă la fiert și adăugați o bucată de aluat ca test. Gatiti pana cand gnocco se ridica la varf. Dacă aluatul începe să se slăbească, adăugați mai multă făină. Altfel aluatul este bine.

5. Pune aluatul deoparte pentru un moment. Răzuiți placa pentru a îndepărta orice aluat rămas. Spălați și uscați mâinile, apoi pudrați cu făină. Puneți una sau două tavi mari și stropiți cu făină.

6. Tăiați aluatul în 8 bucăți. Ținând aluatul rămas acoperit, rulați o bucată într-o frânghie lungă de aproximativ 3/4 inch grosime. Tăiați frânghia în pepițe de 1/2 inch.

7. Pentru a modela aluatul, țineți o furculiță într-o mână, cu dinții îndreptați în jos. Cu degetul mare al celeilalte maini, rulam fiecare bucata de aluat peste spatele dintilor, apasand usor pentru a face caneluri pe o parte si o scobitura pe cealalta. Puneți gnocchi în tigăile pregătite. Piesele nu trebuie să se atingă. Repetați cu aluatul rămas.

8. Dați gnocchi la frigider până când sunt gata de gătit. (Gnocchi pot fi, de asemenea, congelați. Pune foile de copt în congelator timp de o oră sau până când se întăresc. Puneți gnocchi într-o pungă mare de plastic rezistentă. Congelați până la o lună. Nu dezghețați înainte de a găti.)

9. Pregătiți sosul. Pentru a găti gnocchi, aduceți o oală mare cu apă la fiert. Adăugați sare după gust. Reduceți focul, astfel încât apa să fiarbă ușor. Puneți aproximativ jumătate din gnocchi în apă. Gatiti aproximativ 30 de secunde dupa ce gnocchi s-au ridicat la varf. Scoateți gnocchi din tigaie cu o lingură cu fantă și scurgeți bine bucățile.

10. Pregătiți un vas plat de servire încălzit. Turnați un strat subțire de sos iute în bol. Adăugați gnocchi și amestecați ușor. Gatiti gnocchii ramasi in acelasi mod. Se toarnă mai mult sos și se stropește cu brânză. Se serveste fierbinte.

Gnocchi cu fructe de mare cu sos de rosii si masline

Gnocchi de pește cu sos de măsline

Face 6 portii

În Sicilia, gnocchi de cartofi este uneori aromatizat cu limbă sau alt pește delicat. Le servesc cu un sos de roșii puțin picant, dar ar fi delicios și un sos de unt și ierburi. Nu este nevoie de brânză în aceste paste.

1 kilogram de cartofi la copt

1 1/4 cană ulei de măsline

1 ceapa mica, tocata marunt

1 catel de usturoi

12 uncii file de căptușeală sau alt pește alb delicat, tăiat în bucăți de 2 inci

1 1/2 cană vin alb sec

Sare și piper negru proaspăt măcinat

1 ou mare, bătut

Aproximativ 2 căni de făină universală

Dip

1 1/4 cană ulei de măsline

1 ceapa primavara tocata

2 file de hamsii

1 lingura pasta de masline negre

2 căni de roșii proaspete decojite, fără semințe și tăiate marunt sau conserve de roșii italiene din import, scurse și tocate

2 linguri patrunjel proaspat tocat

Sare și piper negru proaspăt măcinat

1. Pune cartofii într-o oală cu apă rece ca să se acopere. Se aduce la fierbere și se gătește pană când se înmoaie când este străpuns cu un cuțit. Se scurge si se lasa sa se raceasca.

dezgheț. Intr-o tigaie de marime medie caleste ceapa si usturoiul in ulei de masline timp de 5 minute la foc mediu, pana ce ceapa este frageda. Adăugați peștele și gătiți timp de 1 minut. Adăugați vin, sare și piper după gust. Gatiti pana cand pestele este fraged si cea mai mare parte a lichidului s-a evaporat, aproximativ 5 minute. Lăsați să se răcească, apoi răzuiți conținutul tigaii într-un robot de bucătărie sau blender. Se face piure până la omogenizare.

3.Acoperiți oale mari cu folie de aluminiu sau folie alimentară. Pune cartofii printr-o mașină de tocat mâncare sau cu ricină într-un castron mare. Adăugați piureul de pește și oul. Adaugam treptat faina si sare dupa gust pentru a face un aluat usor lipicios. Framantam scurt pana se omogenizeaza si bine combinat.

Patru.Împărțiți aluatul în 6 bucăți. Ținând aluatul rămas acoperit, rulați o bucată într-o frânghie lungă de aproximativ 3/4 inch grosime. Tăiați frânghia în bucăți lungi de 1/2 inch.

5.Pentru a modela aluatul, țineți o furculiță într-o mână, cu dinții îndreptați în jos. Cu degetul mare al celeilalte maini, rulam fiecare bucata de aluat peste spatele dintilor, apasand usor pentru a face caneluri pe o parte si o scobitura pe cealalta. Puneți gnocchi în tigăile pregătite. Piesele nu trebuie să se atingă. Repetați cu aluatul rămas.

6. Dați gnocchi la frigider până când sunt gata de gătit. (Gnocchi pot fi, de asemenea, congelați. Pune foile de copt în congelator timp de o oră sau până când se întăresc. Puneți gnocchi într-o pungă mare de plastic rezistentă. Congelați până la 1 lună. Nu dezghețați înainte de a găti.)

7. Pentru sos, combina uleiul cu ceapa primavara intr-o tigaie mare. Adaugati fileuri de hamsii si gatiti pana se dizolva ansoa, aproximativ 2 minute. Se adauga pasta de masline, rosiile si patrunjelul. Adăugați sare și piper și gătiți până când sucul de roșii se îngroașă ușor, 8 până la 10 minute. Se toarnă jumătate din sos într-un castron mare și cald pentru a servi.

8. Pregătiți gnocchi: aduceți o oală mare cu apă la fiert. Adăugați sare după gust. Reduceți focul, astfel încât apa să fiarbă ușor. Puneți aproximativ jumătate din gnocchi în apă. Gatiti aproximativ 30 de secunde dupa ce gnocchi s-au ridicat la varf. Scoateți gnocchi din tigaie cu o lingură cu fantă și scurgeți bine bucățile. Aranjați gnocchi într-un bol de servire. Gatiti gnocchii ramasi in acelasi mod. Adăugați sosul rămas și amestecați ușor. Serviți imediat.

Gnocchi verzi în sos roz

Gnocchi Verdi în Sos Rossa

Face 6 portii

Am mâncat prima dată aceste găluște în Roma, deși sunt mai tipice Emilia-Romagna și Toscana. Sunt mai ușoare decât gnocchi de cartofi, iar legumele mărunțite le oferă o textură de suprafață, astfel încât să nu fie nevoie să modelați chiftelele cu o furculiță. Pentru o schimbare, încercați să le pulverizați<u>Sos de unt și salvie</u>.

3 căni<u>Sos roz</u>

1 kilogram de spanac, tulpinile îndepărtate

1 liră de smog elvețian, tulpinile îndepărtate

1 1/4 cană apă

Sare

2 linguri de unt nesarat

1 1/4 cana ceapa tocata marunt

1 kilogram de ricotta integrală sau parțial degresată

2 ouă mari

1 1/2 cană Parmigiano-Reggiano ras

1 1/4 lingurita nucsoara macinata

piper negru proaspăt măcinat

1 1/2 dl făină universală

1. Pregătiți sosul. Apoi combinați cele două legume, apa și sarea într-o oală mare, după gust. Gatiti 5 minute sau pana se inmoaie si se moale. Se scurge si se lasa sa se raceasca. Înfășurați legumele într-un prosop și apăsați pentru a extrage lichidul. Tocați bine.

dezgheț. Într-o tigaie de mărime medie, topim untul la foc mediu. Adăugați ceapa și gătiți, amestecând din când în când, până se rumenesc, aproximativ 10 minute.

3. Într-un castron mare, amestecați ricotta, oul, 1 cană de Parmigiano-Reggiano, nucșoara și sare și piper, după gust. Adaugam ceapa si legumele tocate si amestecam bine. Se amestecă făina până se combină bine. Aluatul va fi moale.

Patru. Tapetați tăvi de copt cu hârtie de copt sau hârtie ceară. Udați-vă mâinile cu apă rece. Scoateți o lingură de aluat. Formați ușor într-o bilă de 3/4 inci. Așezați bila pe o tavă de copt. Repetați cu aluatul rămas. Acoperiți cu folie de plastic și puneți la frigider până când sunt gata de gătit.

5. Aduceți cel puțin 4 litri de apă la fiert. Adăugați sare după gust. Reduceți puțin căldura. Adăugați jumătate din gnocchi câțiva o dată. Când se ridică la suprafață, fierbeți încă 30 de secunde.

6. Turnați jumătate din sosul fierbinte într-un vas cald de servire. Scoateți gnocchi cu o lingură cu șuruburi și scurgeți bine. Adăugați-le la sursă. Acoperiți și păstrați la cald în timp ce gătiți gnocchii rămași în același mod. Se toarnă restul de sos și brânză. Serviți cald.

Gnochi cu gris

Gnocchi alla Romana

Face 4 până la 6 porții

Asigurați-vă că gătiți nisipul complet împreună cu lichidul. Dacă este puțin gătită, tinde să se topească într-un aluat în loc să-și mențină forma când este copt. Dar chiar dacă va avea, va avea un gust uimitor.

2 cani de lapte

2 căni de apă

1 cană gris fin

2 lingurite de sare

4 linguri de unt nesarat

dezgheț/3 cană Parmigiano-Reggiano ras

2 galbenusuri de ou

1. Într-o cratiță medie, încălziți laptele și 1 cană de apă la foc mediu până se fierbe. Amestecați restul de 1 cană de apă și

nisip. Se toarnă amestecul în lichid. Adăugați sarea. Gatiti, amestecand continuu, pana cand amestecul fierbe. Reduceți focul la mic și gătiți, amestecând bine, timp de 20 de minute sau până când amestecul este foarte gros.

dezgheț. Luați tigaia de pe foc. Adăugați 2 linguri de unt și jumătate de brânză. Bate rapid galbenusurile cu un tel.

3.Umeziți ușor o tavă de copt. Se toarnă nisip pe farfurie și se întinde la o grosime de 1/2 inch cu o spatulă de metal. Se lasa sa se raceasca, apoi se acopera si se da la frigider pentru o ora sau pana la 48 de ore.

Patru.Așezați un grătar în centrul cuptorului. Preîncălziți cuptorul la 400 ° F. Ungeți o tavă de copt de 13 × 9 × 2 inci.

5.Înmuiați un fursec de 11/2 inch sau un tăietor de prăjituri în apă rece. Tăiați felii de gris și puneți bucățile într-o tavă de copt pregătită, ușor suprapuse.

6.Topiți restul de 2 linguri de unt într-o cratiță mică și turnați peste gnocchi. Se presară cu brânză rămasă. Coaceți 20 până la 30 de minute sau până când devin aurii și clocotiți. Lasati sa se raceasca 5 minute inainte de servire.

Biluțe de pâine abruzzeană

Polpette di Pane al Sugo

Face 6 până la 8 porții

Când am vizitat crama Orlandi Contucci Ponno din Abruzzo, m-am bucurat de o degustare a vinurilor lor excelente, care includeau atât soiurile albe Trebbiano d'Abruzzo, cât și roșii Montepulciano d'Abruzzo, precum și diverse amestecuri. Vinurile la fel de bune ca acestea merita o masa buna iar pranzul nostru nu a dezamagit, mai ales chiftelele din ou, branza si paine fierte in sos de rosii. Deși nu le încercasem până acum, o mică cercetare mi-a arătat că aceste „chifteluțe fără carne" sunt populare și în alte regiuni ale Italiei precum Calabria și Basilicata.

Bucătarul de la subsol mi-a spus că a făcut chiftelele cu mollika pâinii, interiorul pâinii fără crustă. Le fac cu toata painea. Deoarece pâinea italiană pe care o cumpăr aici nu este la fel de rezistentă ca pâinea din Italia, crusta oferă găluștelor un plus de textură.

Dacă intenționați să le faceți din timp, păstrați chiftelele și sosul separat până la momentul servirii, astfel încât chiftelele să nu absoarbă prea mult sos.

1 pâine italiană sau franceză de 12 uncii, tăiată în bucăți de 1 inch (aproximativ 8 căni)

2 cani de apa rece

3 ouă mari

1/2 cană Pecorino Romano ras, plus mai mult pentru servire

1 1/4 cana patrunjel proaspat tocat

1 catel de usturoi, tocat marunt

ulei vegetal pentru prajit

Dip

1 ceapa medie, tocata marunt

1 1/2 cană ulei de măsline

2 conserve (28 uncii) de roșii italiene decojite cu suc, tocate

1 peoncino minuscul uscat, maruntit sau un praf de ardei rosu macinat

Sare

6 frunze proaspete de busuioc

1. Tăiați sau rupeți pâinea în bucăți mici sau măcinați pâinea într-un robot de bucătărie până la firimituri grosiere. Înmuiați pâinea în apă timp de 20 de minute. Apăsați pâinea pentru a elimina excesul de apă.

dezgheț. Intr-un castron mare, batem ouale, branza, patrunjelul si usturoiul cu un praf de sare si piper dupa gust. Se adauga pesmet si se amesteca foarte bine. Daca amestecul pare uscat, adauga inca un ou. Amesteca bine. Formați amestecul în bile de dimensiunea unei mingi de golf.

3. Turnați suficient ulei pentru a ajunge la o adâncime de 1/2 inch într-o tigaie mare și grea. Se încălzește uleiul la foc mediu până când o picătură din amestecul de pâine sfârâie atunci când este aruncată în ulei.

Patru. Adăugați biluțele în tigaie și gătiți, întorcându-le ușor, până se rumenesc pe toate părțile, aproximativ 10 minute. Scurgeți bilele pe prosoape de hârtie.

5.Pentru a face sosul, într-o cratiță mare, fierbeți ceapa în ulei de măsline la foc mediu până se înmoaie. Adăugați roșii, peboncino și sare după gust. Gatiti la foc mic timp de 15 minute sau pana se ingroasa usor.

6.Adăugați biluțele de pâine și stropiți cu sosul. Gatiti la foc mic inca 15 minute. Se presară cu busuioc. Serviți cu brânză suplimentară.

Crepe umplute cu ricotta

Manicotti

Face 6 până la 8 porții

Deși mulți bucătari folosesc tuburi de paste pentru a face manicotti, aceasta este rețeta de familie napolitană a mamei mele, făcută cu crepe. Manicotte gata preparate sunt mult mai ușoare decât ar fi făcute din paste, iar unii bucătari consideră că manicotte sunt mai ușor de făcut din crepe.

   3 căni<u>raguut napolitan</u>

Crepe

1 cană de făină universală

1 cană de apă

3 ouă

1 1/2 lingurita sare

Ulei vegetal

Umplere

2 kilograme de ricotta integrală sau parțial degresată

4 uncii de mozzarella proaspătă, tocată sau mărunțită

½ cană Parmigiano-Reggiano ras

1 ou mare

2 linguri patrunjel proaspat tocat

piper negru proaspăt măcinat după gust

Vârf de cuțit de sare

½ cană Parmigiano-Reggiano ras

1. Pregătiți ragoutul. Apoi, amestecați ingredientele pentru crepe într-un castron mare până se omogenizează. Acoperiți și lăsați la frigider pentru 30 de minute sau mai mult.

dezgheț. Încinge o tigaie antiaderentă de 6 inci sau o tigaie pentru omletă la foc mediu. Ungeți ușor tigaia cu ulei. Țineți tigaia într-o mână și turnați cca. 1/3 cană de aluat de crepe. Ridicați imediat și întoarceți tava astfel încât să acopere fundul complet cu un strat subțire de aluat. Se toarnă excesul de aluat. Gatiti timp de un minut sau pana cand marginea crepei devine maronie si incepe sa se ridice din tigaie. Foloseşte-ţi degetele pentru a întoarce crepea şi a rumeni uşor cealaltă parte. Gatiti inca 30 de secunde sau pana se rumenesc.

3.Glisaţi crepea gătită pe o farfurie. Repetaţi, făcând crepe din aluatul rămas şi stivuindu-le unul peste altul.

Patru. Pentru a face umplutura, amestecaţi toate ingredientele într-un castron mare până se combină.

5.Întindeţi un strat subţire de sos într-o tavă de copt de 13 × 9 × 2 inchi. Pentru a umple crepurile se toarnă cca. 1/4 cană de umplutură pe lungime, pe o parte a unei crepe. Rulaţi crepa într-un cilindru şi puneţi-o în tava de copt, cu cusătura în jos. Continuaţi să umpleţi şi să rulaţi crepurile rămase şi să le împăturiţi. Adăugaţi sos suplimentar cu o lingură. Se presară cu brânză.

6.Aşezaţi un grătar în centrul cuptorului. Preîncălziţi cuptorul la 350 ° F. Coaceţi timp de 30 până la 45 de minute sau până când sosul clocoteşte şi manicotti-urile sunt încălzite. Se serveste fierbinte.

Timbale de crep abruzzes cu ciuperci

Timballo di Scrippelle

Face 8 portii

O prietenă a cărei bunica venea din Teramo, în regiunea Abruzzo, își amintea delicioasa caserolă de clătite cu ciuperci și brânză pe care bunica ei o făcea de sărbători. Iată o versiune a acelui fel de mâncare pe care am adaptat-o din cartea Slow Food Editore Ricette di Osterie d'Italia. Potrivit cărții, crepurile provin din preparatele elaborate de crepe pe care bucătarii francezi le-au introdus în regiune în secolul al XVII-lea.

2 1/2 cană<u>Sos de rosii toscan</u>

Crepe

5 ouă mari

1 1/2 dl apă

1 lingurita de sare

1 1/2 dl făină universală

ulei vegetal pentru prajit

Umplere

1 cană ciuperci uscate

1 cană apă caldă

1 1/4 cană ulei de măsline

1 kilogram de ciuperci albe proaspete, clătite și feliate groase

1 catel de usturoi, tocat marunt

2 linguri pătrunjel proaspăt cu frunze plate

Sare și piper negru proaspăt măcinat

12 uncii de mozzarella proaspătă, tăiată și tăiată în bucăți de 1 inch

1 cană de Parmigiano-Reggiano ras

1. Pregătiți sosul de roșii. Într-un castron mare, amestecați ingredientele pentru crepe până la omogenizare. Acoperiți și lăsați la frigider pentru 30 de minute sau mai mult.

dezgheț. Încinge o tigaie antiaderentă de 6 inci sau o tigaie pentru omletă la foc mediu. Ungeți ușor tigaia cu ulei. Țineți tigaia într-o mână și turnați cca. 1/3 cană de aluat de crepe.

Ridicați imediat și întoarceți tava astfel încât să acopere fundul complet cu un strat subțire de aluat. Se toarnă excesul de aluat. Gatiti 1 minut sau pana cand marginea crepului devine maro si incepe sa se ridice din tigaie. Folosește-ți degetele pentru a întoarce crepea și a rumeni ușor cealaltă parte. Gatiti inca 30 de secunde sau pana se rumenesc.

3.Glisați crepea gătită pe o farfurie. Repetați prepararea crepului cu aluatul rămas, stivuindu-le unul peste altul.

Patru. Pentru a face umplutura, înmuiați ciupercile uscate în apă timp de 30 de minute. Scoateți ciupercile și rezervați lichidul. Clătiți ciupercile sub jet de apă rece pentru a îndeparta nisipul, acordând o atenție deosebită capetele tulpinilor unde se adună murdăria. Tăiați ciupercile în bucăți mari. Se strecoară lichidul de ciuperci printr-un filtru de cafea de hârtie într-un bol.

5.Încinge uleiul într-o tigaie mare. Adăugați ciupercile. Gatiti, amestecand des, pana cand ciupercile se rumenesc, 10 minute. Se adauga usturoiul, patrunjelul si sare si piper dupa gust. Gatiti pana usturoiul devine maro auriu, inca 2 minute. Adăugați ciupercile uscate și lichidul lor. Gatiti 5 minute sau pana cand cea mai mare parte a lichidului s-a evaporat.

6. Așezați un grătar în centrul cuptorului. Preîncălziți cuptorul la 375 ° F. Turnați un strat subțire de sos de roșii într-o tavă de copt de 13 × 9 × 2 inci. Faceți un strat de crepe, suprapunându-le ușor. Continuați cu un strat de ciuperci, mozzarella, sos și brânză. Repetați straturile, terminați cu crepe, sos și brânză rasă.

7. Coaceți timp de 45 până la 60 de minute sau până când sosul clocotește. Lăsați să stea 10 minute înainte de servire. Tăiați în pătrate și serviți cald.

Spaghete artizanale toscane cu sos de carne

Pici al Ragù

Face 6 portii

Șuvițele mestecate de paste făcute manual sunt populare în Toscana și părți din Umbria, de obicei sote cu un ragu de carne. Pastele se numesc pici sau pinci și provin de la cuvântul appicciata, care înseamnă „întins în mână".

Am învățat cum să le fac în Montefollonico la un restaurant numit La Chiusa, unde bucătarul vine la fiecare masă și le oferă mesenilor o mică demonstrație despre cum să le facă. Sunt foarte ușor de făcut, deși necesită mult timp.

3 căni de făină universală nealbită, plus încă pentru modelarea aluatului

Sare

1 lingura ulei de masline

Aproximativ 1 cană de apă

    6 căni<u>Sos de carne toscan</u>

1/2 cană Parmigiano-Reggiano ras

1.Puneți făina și 1/4 linguriță de sare într-un castron mare și amestecați. Se toarnă ulei de măsline în mijloc. Începeți să amestecați amestecul pe măsură ce adăugați încet apa și opriți când aluatul începe să se unească și să formeze o minge. Scoateți aluatul pe o suprafață ușor înfăinată și frământați până când este omogen și elastic, aproximativ 10 minute.

dezgheț. Modelați aluatul într-o bilă. Acoperiți cu un bol răsturnat și lăsați timp de 30 de minute.

3.Pudrați o tavă mare cu făină. Împărțiți aluatul în sferturi. Se lucrează câte un sfert din aluat, păstrând restul acoperit. Ciupiți bucăți mici de mărimea unei alune de pădure.

Patru. Pe o suprafață ușor înfăinată, cu mâinile plate, întindeți fiecare bucată de aluat pentru a forma fire subțiri de aproximativ 1/8 inch grosime. Aranjați șuvițele pe foaia de copt pregătită cu puțin spațiu între ele. Repetați cu aluatul rămas. Lăsați pasta să se usuce fără acoperire timp de aproximativ 1 oră.

5.Intre timp pregatim sosul. Apoi fierbeți 4 litri de apă într-o oală mare. Adăugați sare după gust. Adăugați picii și gătiți până când sunt al dente, fragezi, dar încă fermi la mușcătură. Scurgeți și turnați pastele cu sos într-un castron mare încălzit. Se presară cu brânză și se amestecă din nou. Se serveste fierbinte.

Pici cu usturoi si pesmet

Pici cu Briciole

Face 4 până la 6 porții

Acest fel de mâncare este de la La Fattoria, un restaurant confortabil pe malul lacului, lângă orașul etrusc Chiusi.

1 liră sterlinăSpaghete artizanale toscane cu sos de carne, pașii de la 1 la 6

1 1/2 cană ulei de măsline

4 catei mari de usturoi

1 1/2 cană pesmet fin uscat

1 1/2 cană Pecorino Romano proaspăt ras

1. Pregătiți pastele. Într-o tigaie suficient de mare încât să țină toate pastele, încălziți uleiul la foc mediu-mic. Se zdrobesc usor cateii de usturoi si se adauga in tigaie. Gatiti pana usturoiul devine auriu, aproximativ 5 minute. Nu-l lăsați să se rumenească. Scoatem usturoiul din tigaie si adaugam

pesmetul. Gatiti, amestecand des, pana cand firimiturile devin maro auriu, aproximativ 5 minute.

dezgheț.Între timp, fierbeți cel puțin 4 litri de apă. Adăugați pastele și 2 linguri de sare. Se amestecă bine. Gatiti la foc iute, amestecand des, pana cand pastele sunt al dente, fragede, dar tari cand sunt muscate. Scurge pastele.

3.Adăugați pastele în tigaia cu pesmet și amestecați bine la foc mediu. Se presară cu brânză și se amestecă din nou. Serviți imediat.

aluat de paste cu gris

Face aproximativ 1 kilogram

Făina de gris din grâu dur este folosită pentru a face diferite tipuri de paste proaspete în sudul Italiei, în special în Puglia, Calabria și Basilicata. Când sunt gătite, aceste paste sunt mestecate și se potrivesc bine cu sosuri robuste de carne și legume. Aluatul este foarte tare. Se poate framanta cu mana, desi este destul de un exercitiu. Prefer să folosesc un robot de bucătărie sau un mixer greu pentru a face amestecul greu, apoi îl frământ puțin cu mâna pentru a mă asigura că consistența este potrivită.

11/2 dl făină fină de gris

1 cană de făină universală, plus mai multă pentru pudrat

1 lingurita de sare

Aproximativ 2/3 cană apă caldă

1. Combinați ingredientele uscate în bol cu un robot de bucătărie puternic sau cu un mixer cu stand. Adăugați treptat apă pentru a obține un aluat tare, nelipicios.

dezgheț. Asezati aluatul pe o suprafata usor infainata. Se framanta pana se omogenizeaza, aproximativ 2 minute.

3. Acoperiți aluatul cu un bol și lăsați-l să se odihnească timp de 30 de minute. Pudrați două tăvi mari de copt cu făină.

Patru. Tăiați aluatul în 8 bucăți. Lucrați cu o bucată pe rând, păstrând bucățile rămase acoperite cu un vas răsturnat. Pe o suprafață ușor înfăinată, rulați o bucată de aluat într-o frânghie lungă de aproximativ 1/2 inch grosime. Modelați aluatul în cavatelli sau orrecchiette, așa cum este descris în<u>Cavatelli cu Ragù</u>reteta medicala.

Cavatelli cu Ragù

Cavatelli cu Ragù

Face 6 până la 8 porții

Magazinele și cataloagele specializate în echipamente pentru prepararea pastelor vând adesea o mașină cavatelli. Arată ca o mașină de tocat carne veche. Îl prinde de blat, înfige un șir de aluat într-un capăt, întoarce mânerul, iar cavatelli bine gătiți iese pe celălalt capăt. Un singur lot din acest aluat este foarte scurt, dar nu m-aș deranja decât dacă fac cavatelli des.

Când modelați cavatelli, lucrați pe o suprafață de lemn sau altă textură aspră. Suprafața aspră va ține bucățile de aluat de paste, astfel încât să le poți trage cu cuțitul în loc să le aluneci așa cum ai face pe un blat neted și neted.

<u>raguut de cârnați</u>fie<u>Sos de rosii sicilian</u>

1 liră sterlină<u>aluat de paste cu gris</u>pregătit prin pasul 4

Sare

1. Pregătiți ragoutul sau sosul. Se pregatesc 2 tavi de copt pudrate cu faina.

dezgheț. Tăiați aluatul în bucăți de 1/2 inch. Țineți un cuțit mic cu o lamă tocită și un vârf rotunjit cu degetul arătător apăsat de lamă. Aplatizați fiecare bucată de aluat, apăsând și trăgând ușor, astfel încât aluatul să se onduleze în jurul vârfului cuțitului și să formeze o coajă.

3. Întindeți bucățile în tigăile pregătite. Repetați cu aluatul rămas. (Dacă nu veți folosi cavatelli timp de o oră, puneți tigăile în congelator. Odată ce bucățile sunt tari, puneți-le într-o pungă de plastic și sigilați bine. Nu dezghețați înainte de a găti.)

Patru. Pentru a găti, aduceți patru litri de apă rece la fierbere la foc mare. Adăugați cavatelli și 2 linguri de sare. Gatiti, amestecand din cand in cand, pana cand pastele sunt fragede, dar inca putin mestecate.

5. Scurgeți cavatelli și turnați-i într-un bol pentru a le servi calde. Se amestecă cu sosul. Serviți cald.

Cavatelli cu calamari si sofran

Cavatelli cu Sugo di Calamari

Face 6 portii

Textura ușor mestecată a calamarului completează mestecul cavatelli în această rețetă modernă siciliană. Sosul capătă o textură netedă, catifelată dintr-un amestec de făină și ulei de măsline și o culoare galbenă frumoasă de la șofran.

1 lingurita fire de sofran

2 linguri de apă caldă

1 ceapa medie, tocata marunt

2 catei de usturoi, tocati foarte marunt

5 linguri de ulei de măsline

1 liră pură <u>calmar</u>(calamar), tăiat în inele de 1/2 inch

1 1/2 cană vin alb sec

Sare și piper negru proaspăt măcinat

1 lingura de faina

1 kilogram de cavatelli proaspăt sau congelat

1 1/4 cana patrunjel proaspat tocat

Ulei de măsline extra virgin

1.Se sfărâmă șofranul în apă fierbinte și se păstrează.

dezgheț.Într-o tigaie suficient de mare pentru a ține toate pastele, fierbeți ceapa și usturoiul în 4 linguri de ulei la foc mediu până când ceapa se rumenește ușor, aproximativ 10 minute. Adăugați calamarii și gătiți, amestecând, până când calamarii devin opace, aproximativ 2 minute. Adăugați vin și sare și piper după gust. Se aduce la fierbere și se fierbe timp de 1 minut.

3.Amestecați restul de lingură de ulei și făina. Adăugați amestecul la calmar. Se aduce la fierbere. Adăugați amestecul de șofran și gătiți încă 5 minute.

Patru.Între timp, fierbeți cel puțin 4 litri de apă. Adăugați pastele și 2 linguri de sare. Se amestecă bine. Gătiți la foc mare, amestecand des, pana cand pastele sunt fragede, dar usor fierte. Scurge pastele, rezervând puțin din apa de gătit.

5. Se amestecă pastele în tigaia cu calamarul. Adăugați puțin din apa de gătit rezervată dacă amestecul pare uscat. Se adauga patrunjelul si se amesteca bine. Se ia de pe foc si se stropesc cu putin ulei de masline extravirgin. Serviți imediat.

Cavatelli cu rucola și roșii

Cavatelli cu Rughetta și Pomodori

Face 4 până la 6 porții

Rucola este mai cunoscută ca o salată verde, dar în Puglia este adesea gătită sau, la fel ca în această rețetă, amestecată în mâncăruri de supă fierbinte sau paste în ultimul moment pentru a se ofili. Îmi place aroma picantă, de nucă pe care o adaugă.

1 1/4 cană ulei de măsline

2 catei de usturoi, tocati marunt

2 kilograme de roșii prune coapte, decojite, fără semințe și tocate, sau 1 cutie (28 uncii) de roșii italiene decojite cu sucul lor

Sare și piper negru proaspăt măcinat

1 kilogram de cavatelli proaspăt sau congelat

1/2 cană salată de ricotta mărunțită sau Pecorino Romano

1 buchet mare de rucola, tăiată și tăiată în bucăți mici (aproximativ 2 căni)

1. Într-o tigaie suficient de mare încât să țină toate ingredientele, gătiți usturoiul în ulei la foc mediu până se rumenește ușor, aproximativ 2 minute. Se adauga rosiile si sare si piper dupa gust. Aduceți sosul la fiert și fierbeți până se îngroașă, aproximativ 20 de minute.

dezgheț. Aduceți cel puțin 4 litri de apă la fiert. Adauga pastele si sare dupa gust. Se amestecă bine. Gatiti la foc mare, amestecand des, pana cand pastele sunt fragede. Scurge pastele, rezervând puțin din apa de gătit.

3. Adăugați pastele în sosul de roșii cu jumătate din brânză. Adăugați rucola și amestecați bine. Adăugați puțin din apa de gătit rezervată dacă pastele par prea uscate. Se presară cu restul de brânză și se servește imediat.

Orecchiette cu ragu de porc

Orecchiette cu Ragù di Maiale

Face 6 până la 8 porții

Prietena mea Dora Marzovilla vine din Rutigliano, lângă Bari. Este o expertă în prepararea pastelor și am învățat multe urmărind-o. Dora are o farfurie specială din lemn pentru paste, care este folosită doar pentru a face paste. Deși Dora face multe tipuri de paste proaspete, cum ar fi gnocchi, cavatelli, ravioli și maloreddus, gnocchi sardinian cu șofran pentru restaurantul familiei sale din New York, I Trulli, orecchiette este specialitatea ei.

A face orecchiette este foarte asemănătoare cu a face cavatelli. Principala diferență este că coaja de paste are o formă de cupolă mai deschisă, un fel de frisbee răsturnat sau, în imaginația italiană fantezică, urechile mici, de la care își iau numele.

   1 reteta<u>aluat de gris</u>

   3 căni<u>Ragu de porc cu ierburi proaspete</u>

1 1/2 cană Pecorino Romano proaspăt ras

1. Pregătiți ragù și aluatul. Aveți gata 2 tăvi mari de copt presărate cu făină. Tăiați aluatul în bucăți de 1/2 inch. Țineți un cuțit mic cu o lamă tocită și un vârf rotunjit cu degetul arătător apăsat de lamă. Aplatizați fiecare bucată de aluat cu vârful cuțitului, apăsând și trăgând ușor astfel încât aluatul să formeze un disc. Întoarceți fiecare disc peste vârful degetului mare, creând o formă de cupolă.

dezgheț. Întindeți bucățile în tigăile pregătite. Repetați cu aluatul rămas. (Dacă nu veți folosi orecchiette în 1 oră, puneți tigăile la congelator. Când bucățile sunt ferme, puneți-le într-o pungă de plastic și sigilați-le ermetic. Nu dezghețați înainte de a găti.)

3. Aduceți cel puțin 4 litri de apă la fiert. Adauga pastele si sare dupa gust. Se amestecă bine. Gatiti la foc iute, amestecand des, pana cand pastele sunt al dente, fragede, dar tari cand sunt muscate. Scurge pastele, rezervând puțin din apa de gătit.

Patru. Adăugați pastele la ragu. Adăugați brânza și amestecați bine, adăugând puțin din apa de gătit rezervată dacă sosul pare prea gros. Serviți imediat.

Orecchiette cu Broccoli Rabe

Orecchiette cu Cime di Monkfish

Face 4 până la 6 porții

Acesta este aproape felul de mâncare oficial din Puglia și nicăieri nu îl veți găsi mai delicios. Necesită broccoli rabe, numit uneori rapini, deși se pot folosi și napi, verdeață de muștar, kale sau broccoli obișnuit. Broccoli rabe are tulpini și frunze lungi și o aromă plăcut amară, deși gătitul înmoaie puțin amărăciunea și îl face fraged.

1 buchet de broccoli rabe (aproximativ 1 1/2 livre), tăiat în bucăți de 1 inch

Sare

1/3 cană ulei de măsline

4 catei de usturoi

8 file de hamsii

praf de ardei rosu macinat

1 kilogram de orecchiette sau cavatelli proaspete

1.Aduceți o oală mare cu apă la fiert. Adăugați broccoli rabe și sare după gust. Se fierbe broccoli timp de 5 minute, apoi se scurge. Ar trebui să fie în continuare fermă.

dezgheț. Uscați tigaia. Încinge uleiul cu usturoiul la foc mediu-mic. Adăugați hamsii și ardei roșu. Cand usturoiul este auriu, adauga broccoli rabe. Gatiti, amestecand bine, pentru a acoperi broccoli cu ulei, pana se inmoaie, aproximativ 5 minute.

3.Aduceți cel puțin 4 litri de apă la fiert. Adauga pastele si sare dupa gust. Se amestecă bine. Gatiti la foc iute, amestecand des, pana cand pastele sunt al dente, fragede, dar tari cand sunt muscate. Scurge pastele, rezervând puțin din apa de gătit.

Patru. Adăugați pastele la broccoli rabe. Gatiti, amestecand, timp de 1 minut sau pana cand pastele sunt bine amestecate. Adăugați puțină apă de gătit dacă este necesar.

Variație: Scoateți anșoa. Serviți pastele presărate cu migdale prăjite mărunțite sau Pecorino Romano ras.

Variație: Scoateți anșoa. Scoateți cojile de la 2 cârnați italieni. Tăiați carnea și prăjiți-o cu usturoi, piper și broccoli. Se serveste presarat cu Pecorino Romano.

Orecchiette cu conopida si rosii

Orecchiette cu Cavolfiore și Pomodori

Face 4 până la 6 porții

O rudă siciliană m-a învățat să fac aceste paste, dar se mănâncă și în Puglia. Dacă preferați, puteți înlocui pesmetul cu brânză rasă.

⅓ cană plus 2 linguri ulei de măsline

1 catel de usturoi, tocat marunt

3 kilograme de roșii prune, decojite, fără semințe și tocate sau 1 cutie (28 uncii) de roșii italiene decojite de import, cu sucul lor, tocate

1 conopidă medie, tăiată și tăiată buchețele

Sare și piper negru proaspăt măcinat

3 linguri de pesmet uscat

2 hamsii, tocate (optional)

1 kilogram de orecchiette proaspete

1. Într-o tigaie suficient de mare pentru a ține toate ingredientele, gătiți usturoiul în 1/3 cană ulei de măsline la foc mediu până se rumenește. Se adauga rosiile si sare si piper dupa gust. Se aduce la fierbere și se fierbe timp de 10 minute.

dezgheț. Adăugați conopida. Acoperiți și gătiți, amestecând din când în când, până când conopida este foarte fragedă, aproximativ 25 de minute. Pasează niște conopidă cu dosul unei linguri.

3. Într-o tigaie mică, încălziți restul de 2 linguri de ulei la foc mediu. Adăugați pesmet și hamsii, dacă folosiți. Gatiti, amestecand, pana cand firimiturile sunt prajite si uleiul este absorbit.

Patru. Aduceți cel puțin 4 litri de apă la fiert. Adauga pastele si sare dupa gust. Gatiti, amestecand des, pana cand pastele sunt al dente, fragede, dar tari cand sunt muscate. Scurge pastele, rezervând puțin din apa de gătit.

5. Se amestecă pastele cu sos de roșii și conopidă. Adăugați puțină apă de gătit dacă este necesar. Se presară cu pesmet și se servește imediat.

Orecchiette cu cârnați și varză

Orecchiette cu Salsiccia și Cavolo

Face 6 portii

Când prietena mea Domenica Marzovilla s-a întors dintr-o excursie în Toscana, mi-a descris aceste paste, pe care le mâncase acasă la o prietenă. Suna atât de simplu și bine încât m-am dus acasă și am făcut-o.

2 linguri ulei de masline

8 uncii cârnați de porc dulce

8 oz cârnați fierbinți de porc

2 cani de conserve de rosii italiene de import, scurse si tocate

Sare

1 kilogram de varză (aproximativ 1/2 cap mediu)

1 kilogram de orecchiette sau cavatelli proaspete

1.Într-o cratiță de mărime medie, încălziți uleiul la foc mediu. Adăugați cârnații și gătiți până se rumenesc pe toate părțile, aproximativ 10 minute.

dezgheț. Adăugați roșiile și un praf de sare. Se aduce la fierbere și se fierbe până se îngroașă sosul, aproximativ 30 de minute.

3.Tăiați miezul de varză. Tăiați varza în fâșii subțiri.

Patru. Aduceți o oală mare cu apă la fiert. Adăugați varza și gătiți până la 1 minut după ce apa revine la fierbere. Razuiti varza cu o lingura cu fanta. Scurgeți bine. Rezervați apa de gătit.

5.Scoateți cârnații pe o masă de tăiat și lăsați sosul în tigaie. Adăugați varza în sos; gătiți 15 minute. Tăiați cârnații în felii subțiri.

6.Aduceți din nou apa la fiert și gătiți pastele cu sare după gust. Se scurge bine si se amesteca cu carnati si sos. Se serveste fierbinte.

Orecchiette cu pește-spadă

Orecchiette cu spada de pește

Face 4 până la 6 porții

Peștele-spadă poate fi înlocuit cu ton sau rechin, dacă preferați. Sărarea vinetelor îndepărtează unele dintre sucurile amare și îmbunătățește textura, deși mulți bucătari consideră că acest pas este inutil. Îi dau mereu sare, dar alegerea depinde de tine. Vinetele pot fi gătite cu câteva ore înainte de paste. Pur și simplu reîncălziți-l pe o foaie de copt într-un cuptor la 350 ° F timp de aproximativ 10 minute înainte de servire. Aceste paste siciliene sunt neobișnuite în bucătăria italiană deoarece, deși sosul conține pește, este finisat cu brânză, ceea ce mărește bogăția.

1 vinete mari sau 2 mici (aproximativ 1 1/2 lire)

Sare grunjoasă

Porumb sau alt ulei vegetal pentru prăjit

3 linguri ulei de masline

1 cățel mare de usturoi, tocat foarte fin

2 cepe verde, tocate mărunt

8 uncii de pește-spadă sau alt file de pește cu carne (aproximativ 1/2 inch grosime), piele îndepărtată, tăiat în bucăți de 1/2 inch

piper negru proaspăt măcinat după gust

2 linguri otet de vin alb

2 căni de roșii proaspete decojite, fără semințe și tăiate marunt sau conserve de roșii italiene tocate și tocate cu sucul lor

1 lingurita frunze de oregano proaspete, tocate, sau un praf de oregano uscat

1 kilogram de orecchiette sau cavatelli proaspete

1/3 cană Pecorino Romano proaspăt ras

1. Tăiați vinetele în cuburi de 1 inch. Puneți bucățile într-o strecurătoare pe un platou și stropiți generos cu sare. Lăsați să stea 30 de minute până la 1 oră. Clătiți rapid bucățile de vinete. Așezați bucățile pe prosoape de hârtie și strângeți până se usucă.

dezgheț. Într-o tigaie mare și adâncă, la foc mediu, încălziți aproximativ 1/2 inch de ulei. Pentru a testa uleiul, puneți cu grijă în el o bucată mică de vinete. Dacă sfârâie și se gătește repede, adăugați suficiente vinete pentru a face un singur strat. Nu umple tava. Gatiti, amestecand din cand in cand, pana vinetele sunt crocante si aurii, aproximativ 5 minute. Scoateți bucățile cu o lingură cu fantă. Scurgeți bine pe hârtie de bucătărie. Repetați cu vinetele rămase. Pus deoparte.

3. Într-o tigaie medie, la foc mediu, gătiți uleiul de măsline cu usturoiul și ceapa primăvară timp de 30 de secunde. Se adauga pestele si se presara cu sare si piper. Gatiti, amestecand din cand in cand, pana cand pestele nu mai este roz, aproximativ 5 minute. Adăugați oțet și gătiți timp de 1 minut. Adăugați roșiile și oregano. Se aduce la fierbere și se fierbe timp de 15 minute sau până se îngroașă ușor.

Patru. Între timp, aduceți la fiert o oală mare cu apă rece. Se adauga sare dupa gust si pastele. Gătiți, amestecând din când în când, până când este al dente, fraged, dar ferm la mușcătură. Scurgeți bine.

5. Combinați pastele, sosul și vinetele într-un castron mare de servire cald. Amesteca bine. Adăugați brânza. Serviți cald.

Orez, mălai și alte cereale

Dintre numeroasele tipuri de cereale cultivate și folosite în toată Italia, orezul și făina de porumb sunt cele mai comune. Farro, cușcușul și orzul sunt preferatele regionale, la fel ca boabele de grâu.

Orezul a fost adus pentru prima dată în Italia din Orientul Mijlociu. Crește deosebit de bine în nordul Italiei, în special în regiunile Piemont și Emilia-Romagna.

Bucătarii italieni sunt foarte specifici cu privire la tipul de orez cu bob mediu pe care îl preferă, deși diferențele dintre soiuri pot fi subtile. Mulți bucătari vor specifica o variantă pentru un risotto cu fructe de mare și alta pentru un risotto făcut cu legume. Adesea preferințele sunt regionale sau pur și simplu tradiționale, deși fiecare soi are caracteristici specifice. Orezul Carnaroli își păstrează bine forma și dă un risotto puțin mai cremos. Vialone Nano gătește mai repede și are un gust mai blând. Arborio este cel mai cunoscut și disponibil pe scară largă, dar aroma este mai puțin subtilă. Cel mai bine este cu risotto făcut cu ingrediente puternic aromate. Oricare dintre aceste trei soiuri poate fi folosită pentru rețetele de risotto din această carte.

Porumbul este un cereal relativ nou în Italia. Abia după explorarea europeană a Lumii Noi, porumbul a ajuns în Spania și de acolo s-a răspândit pe tot continentul. Porumbul este ușor și ieftin de cultivat, așa că a devenit rapid plantat pe scară largă. Cea mai mare parte este cultivată pentru hrana animalelor, dar făina de porumb, atât albă, cât și galbenă, este de obicei folosită pentru mămăligă. Este rar să găsești porumb pe știulete mâncat în Italia, cu excepția orașului Napoli, unde vânzătorii vând uneori porumb prăjit ca hrană stradală. Romanii adaugă uneori în salate nible de porumb dintr-o cutie, dar aceasta este o raritate exotică.

Farro și cerealele asemănătoare grâului sunt cele mai comune în centrul și sudul Italiei, unde sunt cultivate. Farro, o varietate străveche de grâu, este considerat un aliment sănătos de italieni. Este excelent în supe, salate și alte preparate.

Orzul este un cereale străveche care crește bine în regiunile nordice mai reci. Romanii au hrănit armatele lor cu orz și alte cereale. A fost gătit într-un terci sau supă cunoscută sub numele de puls, probabil precursorul mămăliga. Astăzi, orzul se găsește în principal în nord-estul Italiei, lângă Austria, gătit ca risotto sau adăugat în supă.

Cușcușul, făcut din făină de grâu dur rulată în bile mici, este tipic pentru vestul Siciliei și este o relicvă a dominației arabe a regiunii cu secole în urmă. De obicei se prepară cu bulion de fructe de mare sau tocană de carne.

OREZ

Orezul este cultivat în nordul Italiei, în regiunile Piemont și Emilia-Romagna și este un aliment de bază, adesea consumat în loc de paste sau supă ca aperitiv. Metoda clasică de a găti orezul este ca risotto, care este ideea mea despre raiul orezului!

Dacă nu ai mai făcut-o până acum, tehnica risotto poate părea neobișnuită. Nicio altă cultură nu gătește orezul așa cum o fac italienii, deși tehnica este similară cu cea de a face pilaf, în care orezul este sotat și apoi fiert, iar lichidul de gătit este absorbit. Ideea este să gătiți orezul astfel încât să-și elibereze amidonul și să formeze un sos cremos. Orezul finit trebuie să fie fraged, dar ferm la mușcătură, al dente. Boabele vor fi absorbit aroma celorlalte ingrediente și vor fi înconjurate de un lichid cremos. Pentru rezultate optime, risotto trebuie consumat imediat după gătire, altfel poate deveni uscat și moale.

Risotto este cel mai bun atunci când este pregătit acasă. Puține restaurante pot petrece atât de mult timp făcând risotto, deși într-adevăr nu este mult. De fapt, multe bucătării de restaurante pregătesc parțial orezul și apoi îl răcesc. Când cineva comandă risotto, orezul este încălzit și se adaugă lichid cu ingredientele aromatizante necesare pentru a termina gătitul.

Odată ce ați înțeles procedura, pregătirea risottoului este destul de simplă și poate fi adaptată la multe combinații diferite de ingrediente. Primul pas în prepararea risottoului este obținerea tipului potrivit de orez. Orezul cu bob lung, care se găsește în mod obișnuit în Statele Unite, nu este potrivit pentru a face risotto, deoarece nu are tipul potrivit de amidon. Orezul cu bob mediu, de obicei vândut ca soiuri Arborio, Carnaroli sau Vialone Nano, are un tip de amidon care este eliberat din boabe atunci când este gătit și amestecat cu bulion sau alt lichid. Amidonul se leagă de lichid și devine cremos.

Orezul cu boabe medii importat din Italia este disponibil pe scară largă în supermarketuri. Este cultivat și în SUA și acum este ușor de găsit.

De asemenea, aveți nevoie de un supă bun de pui, carne, pește sau legume. Se preferă cea de casă, dar se poate folosi bulion din conservă (sau din cutie). Mi se pare că bulionul cumpărat din magazin este prea puternic pentru a fi folosit direct din recipient și adesea îl diluez cu apă. Amintiți-vă că bulionul ambalat, cu excepția cazului în care utilizați un soi cu conținut scăzut de sodiu, este bogat în sare, așa că ajustați sarea adăugată în consecință. Cuburile de bulion sunt foarte sărate și aromate artificial, așa că nu le folosesc.

risotto alb

Risotto în alb

Face 4 portii

Acest risotto alb simplu este la fel de simplu și satisfăcător ca înghețata de vanilie. Serviți-l ca aperitiv sau ca garnitură la carnea la grătar. Dacă aveți o trufă proaspătă, încercați să o bărbierești peste risottoul finit pentru o notă de lux. În acest caz, ar trebui să îndepărtați brânza.

4 căni<u>bulion de carne</u>fie<u>Supa de pui</u>

4 linguri de unt nesarat

1 lingura ulei de masline

1/4 cană de ceapă sau ceapă tocate

1/2 cani de orez cu bob mediu, cum ar fi Arborio, Carnaroli sau Vialone Nano

1 1/2 cană vin alb sec sau vin spumant

Sare și piper negru proaspăt măcinat

½ cană Parmigiano-Reggiano ras

1. Pregătiți bulionul dacă este necesar. Aduceți bulionul la fierbere la foc mediu, apoi reduceți focul pentru a menține bulionul cald. Într-o tigaie mare și grea, topești 3 linguri de unt cu uleiul la foc mediu. Adaugati salota si gatiti pana se inmoaie, dar nu maro, aprox. 5 minute.

dezgheț. Adăugați orezul și amestecați cu o lingură de lemn până se încălzește, aproximativ 2 minute. Adăugați vinul și gătiți, amestecând, până când cea mai mare parte a lichidului s-a evaporat.

3. Se toarnă 1/2 cană bulion peste orez. Gatiti, amestecand, pana cand cea mai mare parte a lichidului este absorbita. Continuați să adăugați bulion cca. 1/2 cană o dată, amestecând după fiecare adăugare. Reglați focul astfel încât lichidul să fiarbă repede, dar orezul să nu se lipească de oală. Aproximativ la jumătatea timpului de gătire, adăugați sare și piper după gust.

Patru. Folosiți doar cât este necesar până când orezul este fraged, dar ferm la mușcătură, iar risottoul este cremos. Când crezi că ai putea fi gata, încearcă câteva cereale. Dacă nu sunteți pregătit, încercați din nou testul în aproximativ un minut. Dacă bulionul se epuizează înainte ca orezul să fie fraged, folosiți apă fierbinte. Timpul de gătire va fi de 18 până la 20 de minute.

5. Scoateți tigaia pentru risotto de pe foc. Se amestecă cu lingura rămasă de unt și brânză până se topește și devine cremoasă. Serviți imediat.

Risotto cu șofran în stil Milano

Risotto alla Milanese

Face 4 până la 6 porții

Risotto cu aromă de șofran auriu este acompaniamentul clasic milanez pentru Osso Buco (vezi<u>Pulpa de vitel, stil Milano</u>). Adăugarea măduvei din oase mari de vită la risotto îi conferă o aromă bogată, de carne și este tradițional, dar risottoul poate fi făcut fără el.

   6 căni<u>Supa de pui</u>fie<u>bulion de carne</u>

½ linguriță fire de șofran mărunțite

4 linguri de unt nesarat

2 linguri maduva de vita (optional)

2 linguri ulei de masline

1 ceapa mica, tocata foarte fin

2 căni (aproximativ 1 kilogram) de orez cu bob mediu, cum ar fi Arborio, Carnaroli sau Vialone Nano

Sare și piper negru proaspăt măcinat

1/2 cană Parmigiano-Reggiano ras

1.Pregătiți bulionul dacă este necesar. Aduceți bulionul la fierbere la foc mediu, apoi reduceți focul pentru a menține bulionul cald. Scoateți 1/2 cană bulion și puneți-l într-un castron mic. Adăugați șofranul și lăsați-l la infuzat.

dezgheț.Într-o cratiță mare și grea, încălziți 2 linguri de unt, măduva dacă folosiți și uleiul la foc mediu. Când untul este topit, adăugați ceapa și gătiți, amestecând des, până se rumenește, aproximativ 10 minute.

3.Adăugați orezul și gătiți, amestecând cu o lingură de lemn, până se încălzește, aproximativ 2 minute. Adăugați 1/2 cană de bulion fierbinte și amestecați până când lichidul este absorbit. Continuați să adăugați 1/2 cană o dată, amestecând după fiecare adăugare. Reglați focul astfel încât lichidul să fiarbă repede, dar orezul să nu se lipească de oală. Cam la jumătatea timpului de gătire, adăugați amestecul de șofran și sare și piper după gust.

Patru. Folosiți doar cât aveți nevoie de bulion până când orezul este fraged, dar ferm la mușcătură. Când crezi că ai putea fi gata, încearcă câteva cereale. Dacă nu sunteți pregătit, încercați din nou testul în aproximativ un minut. Dacă bulionul se epuizează înainte ca orezul să fie fraged, folosiți apă fierbinte. Timpul de gătire va fi de 18 până la 20 de minute.

5. Scoateți tigaia pentru risotto de pe foc și adăugați restul de 2 linguri de unt și brânză până se topește și devine cremos. Serviți imediat.

risotto cu sparanghel

Risotto cu sparanghel

Face 6 portii

Regiunea Veneto este renumită pentru frumosul său sparanghel alb cu vârf de lavandă. Pentru a obține culoarea delicată, sparanghelul se ține acoperit pe măsură ce crește, astfel încât să nu fie expus la lumina soarelui și să nu formeze clorofilă. Sparanghelul alb are o aromă delicată și este mai fraged decât soiul verde. Sparanghelul alb este ideal pentru acest risotto, dar îl puteți face cu soiul verde obișnuit, iar aroma va fi în continuare uimitoare.

5 căni <u>Supa de pui</u>

1 kilogram de sparanghel proaspăt, tocat

4 linguri de unt nesarat

1 ceapa mica, tocata marunt

2 căni de orez cu bob mediu, cum ar fi Arborio, Carnaroli sau Vialone Nano

¹1/2 cană vin alb sec

Sare și piper negru proaspăt măcinat

3/4 cană Parmigiano-Reggiano ras

1.Pregătiți bulionul dacă este necesar. Aduceți bulionul la fierbere la foc mediu, apoi reduceți focul pentru a menține bulionul cald. Tăiați capetele sparanghelului și puneți deoparte. Tăiați tulpinile în felii de 1/2 inch.

dezgheț. Topiți 3 linguri de unt într-o cratiță mare și grea. Adăugați ceapa și gătiți la foc mediu, amestecând din când în când, până când sunt foarte fragede și aurii, aproximativ 10 minute.

3.Adăugați tulpinile de sparanghel. Gatiti, amestecand ocazional, 5 minute.

Patru. Adăugați orezul și gătiți, amestecând cu o lingură de lemn, până se încălzește, aproximativ 2 minute. Adăugați vinul și gătiți, amestecând continuu, până când lichidul s-a evaporat. Se toarnă 1/2 cană bulion peste orez. Gatiti, amestecand, pana cand cea mai mare parte a lichidului este absorbita.

5. Continuați să adăugați bulion cca. 1/2 cană o dată, amestecând după fiecare adăugare. Reglați focul astfel încât lichidul să fiarbă repede, dar orezul să nu se lipească de oală. După aproximativ 10 minute, adăugați vârfurile de sparanghel. Asezonați cu sare și piper. Folosiți doar cât este necesar până când orezul este fraged, dar ferm la mușcătură, iar risottoul este cremos. Când crezi că ai putea fi gata, încearcă câteva cereale. Dacă nu sunteți pregătit, încercați din nou testul în aproximativ un minut. Dacă bulionul se epuizează înainte ca orezul să fie fraged, folosiți apă fierbinte. Timpul de gătire va fi de 18 până la 20 de minute.

6. Scoateți tigaia pentru risotto de pe foc. Adăugați brânza și lingura de unt rămasă. Gust pentru condimente. Serviți imediat.

Risotto cu piper rosu

Risotto cu Pepperoni Rossi

Face 6 portii

În vârful sezonului, când ardeii roşii strălucitori stau înalt în fructele de legume, sunt inspirat să-i folosesc în atât de multe feluri. Gustul său dulce, blând şi culoarea frumoasă fac ca totul, de la tortilla la paste, supe, salate şi tocanite să aibă un gust mai bun. Aceasta nu este o reţetă tradiţională, dar mi-a venit într-o zi în timp ce căutam o nouă modalitate de a folosi nişte ardei roşii. Ardeii gras galbeni sau portocalii ar fi de asemenea buni in aceasta reteta.

5 căni<u>Supa de pui</u>

3 linguri de unt nesarat

1 lingura ulei de masline

1 ceapa mica, tocata marunt

2 ardei roşii, fără miez şi tocaţi mărunt

2 căni de orez cu bob mediu, cum ar fi Arborio, Carnaroli sau Vialone Nano

Sare și piper negru proaspăt măcinat

1/2 cană Parmigiano-Reggiano ras

1. Pregătiți bulionul dacă este necesar. Aduceți bulionul la fierbere la foc mediu, apoi reduceți focul pentru a menține bulionul cald. Într-o cratiță mare și grea, încălziți 2 linguri de unt și uleiul la foc mediu. Când untul este topit, adăugați ceapa și gătiți, amestecând des, până se rumenește, aproximativ 10 minute. Adăugați ardei și gătiți încă 10 minute.

dezgheț. Adăugați orezul și amestecați cu o lingură de lemn până se încălzește, aproximativ 2 minute. Adăugați 1/2 cană de bulion fierbinte și amestecați până când lichidul este absorbit. Continuați să adăugați 1/2 cană o dată, amestecând după fiecare adăugare. Reglați focul astfel încât lichidul să fiarbă repede, dar orezul să nu se lipească de oală. Aproximativ la jumătatea gătitului, adăugați sare și piper după gust.

3.Folosiți doar cât este necesar până când orezul este fraged, dar ferm la mușcătură, iar risottoul este cremos. Când crezi că ai putea fi gata, încearcă câteva cereale. Dacă nu sunteți pregătit, încercați din nou testul în aproximativ un minut. Dacă lichidul se scurge înainte ca orezul să fie gătit, terminați gătitul cu apă fierbinte. Timpul de gătire va fi de 18 până la 20 de minute.

Patru. Scoateți tigaia pentru risotto de pe foc. Adăugați lingura rămasă de unt și brânză până se topește și devine cremoasă. Gust pentru condimente. Serviți imediat.

Risotto cu roșii și rucola

Risotto cu pomodori și rucola

Face 6 portii

Roșiile proaspete, busuiocul și rucola fac din acest risotto esența verii. Îmi place să-l servesc cu un vin alb rece, precum Furore de Campania de la producător Matilde Cuomo.

5 căni<u>Supa de pui</u>

1 buchet mare de rucola, tăiată și clătită

3 linguri ulei de masline

1 ceapa mica, tocata marunt

2 kg de roșii prune coapte, curățate, fără semințe și tocate

2 căni de orez cu bob mediu, cum ar fi Arborio, Carnaroli sau Vialone Nano

Sare și piper negru proaspăt măcinat

1/2 cană Parmigiano-Reggiano ras

2 linguri busuioc proaspăt tocat

1 lingura ulei de masline extravirgin

1.Pregătiți bulionul dacă este necesar. Aduceți bulionul la fierbere la foc mediu, apoi reduceți focul pentru a menține bulionul cald. Tăiați frunzele de rucola în bucăți mici. Ar trebui să bei aproximativ 2 căni.

dezgheț. Turnați uleiul într-o tigaie largă și grea. Adaugati ceapa si caliti la foc mediu, amestecand din cand in cand cu o lingura de lemn, pana ce ceapa este foarte frageda si aurie, aproximativ 10 minute.

3.Adăugați roșiile. Gatiti, amestecand ocazional, pana cand cea mai mare parte a sucului s-a evaporat, aproximativ 10 minute.

Patru. Adăugați orezul și gătiți, amestecând cu o lingură de lemn, până se încălzește, aproximativ 2 minute. Se toarnă 1/2 cană bulion peste orez. Gatiti si amestecati pana cand cea mai mare parte a lichidului este absorbita.

5.Continuați să adăugați bulion cca. 1/2 cană o dată, amestecând după fiecare adăugare. Reglați focul astfel încât lichidul să fiarbă repede, dar orezul să nu se lipească de oală.

La jumătatea gătitului, asezonați cu sare și piper. Folosiți doar cât este necesar până când orezul este fraged, dar ferm la mușcătură, iar risottoul este cremos. Când crezi că ai putea fi gata, încearcă câteva cereale. Dacă nu sunteți pregătit, încercați din nou testul în aproximativ un minut. Dacă bulionul se epuizează înainte ca orezul să fie fraged, folosiți apă fierbinte. Timpul de gătire va fi de 18 până la 20 de minute.

6. Scoateți tigaia pentru risotto de pe foc. Adaugam branza, busuiocul si o lingura de ulei de masline extravirgin. Gust pentru condimente. Adăugați rucola și serviți imediat.

Risotto cu vin roșu și radicchio

Risotto cu radicchio

Face 6 portii

Radicchio, un membru al familiei cicoare, este cultivat în Veneto. La fel ca andivele, de care este inrudita, cicoarea are un gust usor amar, dar dulce. Deși îl considerăm în primul rând un plus colorat la un bol de salată, italienii gătesc adesea radicchio. Poate fi tăiat în felii și făcut la grătar, sau frunzele pot fi înfășurate în jurul unei umpluturi și coapte ca starter. Culoarea vibrantă visiniu devine maro mahon închis când este gătită. Am mâncat acest risotto la Il Cenacolo, un restaurant din Verona care oferă rețete tradiționale.

5 căni<u>Supa de pui</u>fie<u>bulion de carne</u>

1 radicchio mediu (aproximativ 12 uncii)

2 linguri ulei de masline

2 linguri de unt nesarat

1 ceapa mica, tocata marunt

1 1/2 cană vin roșu uscat

2 căni de orez cu bob mediu, cum ar fi Arborio, Carnaroli sau Vialone Nano

Sare și piper negru proaspăt măcinat

1/2 cană Parmigiano-Reggiano ras

1. Pregătiți bulionul dacă este necesar. Aduceți bulionul la fierbere la foc mediu, apoi reduceți focul pentru a menține bulionul cald. Tăiați radicchio și tăiați în felii groase de 1/2 inch. Tăiați feliile în bucăți de 1 inch.

dezgheț. Într-o tigaie mare și grea, încălziți uleiul cu 1 lingură de unt la foc mediu. Cand untul s-a topit se adauga ceapa si se caleste, amestecand din cand in cand, pana ce ceapa este foarte frageda, aproximativ 10 minute.

3. Creșteți căldura la mediu, adăugați radicchio și gătiți până se înmoaie, aproximativ 10 minute.

Patru. Adăugați orezul. Adăugați vinul și gătiți, amestecând, până când cea mai mare parte a lichidului este absorbită. Se toarnă 1/2 cană bulion peste orez. Gatiti si amestecati pana cand cea mai mare parte a lichidului este absorbita.

5. Continuați să adăugați bulion cca. 1/2 cană o dată, amestecând după fiecare adăugare. Reglați focul astfel încât lichidul să fiarbă repede, dar orezul să nu se lipească de oală. La jumătatea gătitului, asezonați cu sare și piper. Folosiți doar cât este necesar până când orezul este fraged, dar ferm la mușcătură, iar risottoul este cremos. Când crezi că ai putea fi gata, încearcă câteva cereale. Dacă nu sunteți pregătit, încercați din nou testul în aproximativ un minut. Dacă bulionul se epuizează înainte ca orezul să fie fraged, folosiți apă fierbinte. Timpul de gătire va fi de 18 până la 20 de minute.

6. Se ia cratita de pe foc si se adauga lingura de unt ramasa si branza. Gust pentru condimente. Serviți imediat.

Risotto cu conopidă cremoasă

Risotto al Cavolfiore

Face 6 portii

În Parma s-ar putea să nu ai aperitiv sau principal, dar nu vei lipsi niciodată risotto sau paste; sunt întotdeauna incredibil de buni. Aceasta este varianta mea a unui risotto pe care l-am mancat acum cativa ani la La Filoma, o trattoria excelenta.

Prima dată când am făcut acest risotto, aveam la îndemână un tub de pastă de trufe albe şi am adăugat câteva la sfârşitul timpului de gătire. Gustul a fost senzaţional. Încercaţi dacă găsiţi pastă de trufe.

 4 căni<u>Supa de pui</u>

4 căni de conopidă, tăiată în bucheţele de 1/2 inch

1 catel de usturoi, tocat marunt

11/2 dl lapte

Sare

4 linguri de unt nesarat

¹1/4 cana ceapa tocata marunt

2 căni de orez cu bob mediu, cum ar fi Arborio, Carnaroli sau Vialone Nano

piper negru proaspăt măcinat

3/4 cană Parmigiano-Reggiano ras

1. Pregătiți bulionul dacă este necesar. Aduceți bulionul la fierbere la foc mediu, apoi reduceți focul pentru a menține bulionul cald. Într-o cratiță medie, combinați conopida, usturoiul, laptele și un praf de sare. Se aduce la fierbere. Gatiti pana cand cea mai mare parte a lichidului s-a evaporat si conopida este frageda, aproximativ 10 minute. Tineti focul foarte mic si amestecati din cand in cand amestecul pentru a nu se arde.

dezgheț. Într-o tigaie mare și grea, se încălzește uleiul cu 2 linguri de unt la foc mediu. Cand untul este topit, adaugam ceapa si calim, amestecand din cand in cand, pana ce ceapa este foarte frageda si aurie, aproximativ 10 minute.

3. Adăugați orezul și gătiți, amestecând cu o lingură de lemn, până se încălzește, aproximativ 2 minute. Se toarnă

aproximativ 1/2 cană de bulion. Se gătește și se amestecă până când cea mai mare parte a lichidului este absorbită.

Patru. Continuați să adăugați bulion 1/2 cană o dată, amestecând constant, până se absoarbe. Reglați focul astfel încât lichidul să fiarbă repede, dar orezul să nu se lipească de oală. Aproximativ la jumătatea gătitului, asezonați cu sare și piper.

5. Când orezul este aproape gata, adăugați amestecul de conopidă. Folosiți doar cât este necesar până când orezul este fraged, dar ferm la mușcătură, iar risottoul este cremos. Când crezi că ai putea fi gata, încearcă câteva cereale. Dacă nu sunteți pregătit, încercați din nou testul în aproximativ un minut. Dacă bulionul se epuizează înainte ca orezul să fie fraged, folosiți apă fierbinte. Timpul de gătire va fi de 18 până la 20 de minute.

6. Se ia tigaia de pe foc si se condimenteaza cu condimente. Adaugati restul de 2 linguri de unt si branza. Serviți imediat.

risotto cu lămâie

Risotto cu lămâie

Face 6 portii

Aroma plină de viață a coajei și sucului proaspăt de lămâie luminează acest risotto pe care l-am avut la Capri. Deși italienii nu o fac foarte des, îmi place să-l servesc ca garnitură la scoici sotate sau pește la grătar.

5 căni <u>Supa de pui</u>

4 linguri de unt nesarat

1 ceapa mica, tocata marunt

2 căni de orez cu bob mediu, cum ar fi Arborio, Carnaroli sau Vialone Nano

Sare și piper negru proaspăt măcinat

1 lingura suc proaspat de lamaie

1 lingurita coaja de lamaie

1/2 cană Parmigiano-Reggiano ras

1. Pregătiți bulionul dacă este necesar. Aduceți bulionul la fierbere la foc mediu, apoi reduceți focul pentru a menține bulionul cald. Într-o cratiță mare și grea, topești 2 linguri de unt la foc mediu. Adăugați ceapa și gătiți, amestecând din când în când, până se rumenesc, aproximativ 10 minute.

dezgheț. Adăugați orezul și amestecați cu o lingură de lemn până se încălzește, aproximativ 2 minute. Adăugați 1/2 cană de bulion fierbinte și amestecați până când lichidul este absorbit.

3. Continuați să adăugați 1/2 cană o dată, amestecând după fiecare adăugare. Reglați focul astfel încât lichidul să fiarbă repede, dar orezul să nu se lipească de oală. Aproximativ la jumătatea timpului de gătire, asezonați cu sare și piper.

Patru. Folosiți doar cât este necesar până când orezul este fraged, dar ferm la mușcătură, iar risottoul este cremos. Când crezi că ai putea fi gata, încearcă câteva cereale. Dacă nu sunteți pregătit, încercați din nou testul în aproximativ un minut. Dacă bulionul se epuizează înainte ca orezul să fie fraged, folosiți apă fierbinte. Timpul de gătire va fi de 18 până la 20 de minute.

5. Scoateți tigaia pentru risotto de pe foc. Adăugați sucul și coaja de lămâie, restul de 2 linguri de unt și brânză. Se amestecă până când untul și brânza sunt topite și cremoase. Gust pentru condimente. Serviți imediat.

risotto cu spanac

Risotto agli Spinaci

Face 6 portii

Dacă aveți busuioc proaspăt, adăugați-l în locul pătrunjelului. În locul spanacului se pot folosi și alte legume, cum ar fi mătgul sau scarola.

5 căni<u>Supa de pui</u>

1 kilogram de spanac proaspăt, spălat și scurs

1 1/4 cană apă

Sare

4 linguri de unt nesarat

1 ceapa medie, tocata marunt

2 căni (aproximativ 1 kilogram) de orez cu bob mediu, cum ar fi Arborio, Carnaroli sau Vialone Nano

piper negru proaspăt măcinat

1 1/4 cana patrunjel proaspat tocat

1/2 cană Parmigiano-Reggiano ras

1. Pregătiți bulionul dacă este necesar. Aduceți bulionul la fierbere la foc mediu, apoi reduceți focul pentru a menține bulionul cald. Într-o oală mare, combinați spanacul, apa și sarea după gust. Acoperiți și aduceți la fierbere. Gatiti pana cand spanacul este moale, aproximativ 3 minute. Scurge spanacul și stoarce ușor pentru a extrage sucul. Se toacă mărunt spanacul.

dezgheț. Într-o tigaie mare și grea, încălziți 3 linguri de unt la foc mediu. Când untul este topit, adăugați ceapa și gătiți, amestecând des, până se rumenește, aproximativ 10 minute.

3. Adăugați orezul în ceapă și gătiți, amestecând cu o lingură de lemn, până se încălzește, aproximativ 2 minute. Adăugați 1/2 cană de bulion fierbinte și amestecați până când lichidul este absorbit. Continuați să adăugați 1/2 cană o dată, amestecând după fiecare adăugare. Reglați focul astfel încât lichidul să fiarbă repede, dar orezul să nu se lipească de oală. La jumătatea gătitului, adăugați spanacul și sare și piper după gust.

Patru. Folosiți doar cât este necesar până când orezul este fraged, dar ferm la mușcătură, iar risottoul este cremos. Când crezi că ai putea fi gata, încearcă câteva cereale. Dacă nu sunteți pregătit, încercați din nou testul în aproximativ un minut. Dacă bulionul se epuizează înainte ca orezul să fie fraged, folosiți apă fierbinte. Timpul de gătire va fi de 18 până la 20 de minute.

5. Scoateți tigaia pentru risotto de pe foc. Se adauga restul de unt si branza. Serviți imediat.

risotto cu dovleac auriu

Risotto cu Zucca d'Oro

Face 4 până la 6 porții

La piețele verzi italiene, bucătarii pot cumpăra bucăți de dovleac mari de iarnă pentru a face risotto. Dovleacul este mai aproape de gustul dulce și textura untoasă a soiurilor italiene. Acest risotto este o specialitate din Mantua în Lombardia.

5 căni <u>Supa de pui</u>

4 linguri de unt nesarat

1/4 cană de ceapă sau ceapă tocate mărunt

2 căni de dovleac, decojit și tocat (aproximativ 1 kilogram)

2 căni de orez cu bob mediu, cum ar fi Arborio, Carnaroli sau Vialone Nano

1 1/2 cană vin alb sec

Sare și piper negru proaspăt măcinat

1/2 cană Parmigiano-Reggiano ras

1. Pregătiți bulionul dacă este necesar. Aduceți bulionul la fierbere la foc mediu, apoi reduceți focul pentru a menține bulionul cald. Într-o cratiță mare și grea, topești trei linguri de unt la foc mediu. Adaugati salota si gatiti, amestecand des, pana se rumenesc, aproximativ 5 minute.

dezgheț. Adăugați dovleac și 1/2 dl bulion. Gatiti pana se evapora bulionul.

3. Adăugați orezul și gătiți, amestecând cu o lingură de lemn, până se încălzește, aproximativ 2 minute. Adăugați vinul până se evaporă.

Patru. Adăugați 1/2 cană de bulion fierbinte și amestecați până când lichidul este absorbit. Continuați să adăugați 1/2 cană o dată, amestecând după fiecare adăugare. Reglați focul astfel încât lichidul să fiarbă repede, dar orezul să nu se lipească de oală. La jumătatea preparatului se adaugă sare și piper după gust.

5. Folosiți doar cât este necesar până când orezul este fraged, dar ferm la mușcătură, iar risottoul este cremos. Când crezi că ai putea fi gata, încearcă câteva cereale. Dacă nu sunteți pregătit, încercați din nou testul în aproximativ un minut.

Dacă bulionul se epuizează înainte ca orezul să fie fraged, folosiți apă fierbinte. Timpul de gătire va fi de 18 până la 20 de minute.

6. Scoateți tigaia pentru risotto de pe foc. Se adauga restul de unt si branza. Serviți imediat.

Risotto venețian cu mazăre

Risi și Bisi

Face 6 portii

În Veneția, acest risotto este consumat pentru a sărbători sosirea primăverii și primele legume proaspete ale sezonului. Venețienii preferă risotto-ul lor destul de gros, așa că adăugați o lingură suplimentară de bulion sau apă la risotto-ul finit dacă sunteți în căutarea autenticității.

   6 căni<u>Supa de pui</u>

1 ceapa galbena medie, tocata marunt

4 linguri ulei de masline

2 căni de orez cu bob mediu, cum ar fi Arborio, Carnaroli sau Vialone Nano

Sare și piper negru proaspăt măcinat

2 căni de mazăre baby decojită sau de mazăre congelată, parțial dezghețată

2 linguri patrunjel cu frunze plate tocat marunt

1/2 cană Parmigiano-Reggiano ras

2 linguri de unt nesarat

1.Pregătiți bulionul dacă este necesar. Aduceți bulionul la fierbere la foc mediu, apoi reduceți focul pentru a menține bulionul cald. Turnați uleiul într-o tigaie largă și grea. Adăugați ceapa și gătiți la foc mediu până când ceapa este fragedă și aurie, aproximativ 10 minute.

dezgheț. Adăugați orezul și gătiți, amestecând cu o lingură de lemn, până se încălzește, aproximativ 2 minute. Adăugați cca. 1/2 cană bulion fierbinte și amestecați până se absoarbe. Continuați să adăugați 1/2 cană o dată, amestecând după fiecare adăugare. Reglați focul astfel încât lichidul să fiarbă repede, dar orezul să nu se lipească de oală. La jumătatea preparatului se adaugă sare și piper după gust.

3.Adăugați mazărea și pătrunjelul. Continuați să adăugați lichidul și să amestecați. Orezul trebuie să fie fraged, dar ferm atunci când îl muști, iar risottoul trebuie să aibă o consistență lejeră, oarecum groasă. Folosiți apă fierbinte dacă rămâneți fără bulion. Timpul de gătire va fi de 18 până la 20 de minute.

Patru. Când orezul este fraged, dar încă ferm, scoateți tigaia de pe foc. Adăugați brânza și untul și amestecați bine. Serviți imediat.

risotto de primăvară

Risotto de primăvară

Face 4 până la 6 porții

Bucăți mici de legume colorate împodobesc acest risotto luminos și gustos. Legumele se adauga treptat pentru a nu fi prea fierte.

6 căni de bulion de legume sau apă

3 linguri de unt nesarat

1 lingura ulei de masline

1 ceapa medie, tocata marunt

1 morcov mic, tocat

1 pui mic de țelină, tocat

2 căni de orez cu bob mediu, cum ar fi Arborio, Carnaroli sau Vialone Nano

1 1/2 cană mazăre proaspătă sau congelată

1 cană ciuperci feliate, de orice fel

6 sulițe de sparanghel, tăiate și tăiate în bucăți de 1/2 inch

Sare și piper negru proaspăt măcinat

1 roșie mare, fără miez și tăiată cubulețe

2 linguri de patrunjel proaspat cu frunze plate tocat marunt

1/2 cană Parmigiano-Reggiano ras

1.Pregătiți bulionul dacă este necesar. Aduceți bulionul la fierbere la foc mediu, apoi reduceți focul pentru a menține bulionul cald. Într-o tigaie mare și grea, combinați 2 linguri de unt și uleiul la foc mediu. Când untul s-a topit, se adaugă ceapa și se prăjește până se rumenește, aproximativ 10 minute.

dezgheț. Adăugați morcovul și țelina și gătiți timp de 2 minute. Se amestecă orezul până se îmbracă bine.

3.Adăugați 1/2 cană de bulion și gătiți, amestecând continuu cu o lingură de lemn, până când lichidul se absoarbe. Continuați să adăugați bulion 1/2 cană o dată, amestecând după fiecare adăugare timp de 10 minute. Reglați focul astfel încât lichidul să fiarbă repede, dar orezul să nu se lipească de oală.

Patru. Adăugați mazărea, ciupercile și jumătate din sparanghel. Se adauga sare si piper dupa gust. Continuați să adăugați bulion și amestecați încă 10 minute. Adăugați sparanghelul și roșiile rămase. Adăugați bulionul și amestecați până când orezul este ferm, dar fraged și risottoul este cremos. Când crezi că ai putea fi gata, încearcă câteva cereale. Dacă nu sunteți pregătit, încercați din nou testul în aproximativ un minut.

5. Scoateți tigaia pentru risotto de pe foc. Gust pentru condimente. Adăugați pătrunjelul și untul rămas. Adăugați brânza. Serviți imediat.

Risotto cu roșii și fontina

Risotto cu Pomodori și Fontina

Face 6 portii

Fontina autentică Valle d'Aosta are o aromă pronunțată, care este de nucă, fructată și pământoasă, spre deosebire de fontina făcută în altă parte. Acest risotto din nord-vestul Italiei merită căutat. Acest fel de mâncare ar merge bine cu un vin alb floral precum Arneis, din regiunea Piemont din apropiere.

5 căni<u>Supa de pui</u>

3 linguri de unt nesarat

1 ceapa medie, tocata marunt

1 cana rosii curatate de coaja, fara samburi si tocate

2 căni de orez cu bob mediu, cum ar fi Arborio, Carnaroli sau Vialone Nano

1 1/2 cană vin alb sec

Sare și piper negru proaspăt măcinat

4 uncii Fontina Valle d'Aosta, ras

1/2 cană Parmigiano-Reggiano ras

1.Pregătiți bulionul dacă este necesar. Aduceți bulionul la fierbere la foc mediu, apoi reduceți focul pentru a menține bulionul cald. Topiți untul într-o cratiță mare și grea la foc mediu. Adăugați ceapa și gătiți, amestecând din când în când, până când ceapa este fragedă și aurie, aproximativ 10 minute.

dezgheț. Adăugați roșiile. Gatiti pana cand cea mai mare parte a lichidului s-a evaporat, aproximativ 10 minute.

3.Adăugați orezul și gătiți, amestecând cu o lingură de lemn, până se încălzește, aproximativ 2 minute. Se toarnă vin și 1/2 cană de bulion peste orez. Gatiti si amestecati pana cand cea mai mare parte a lichidului este absorbita.

Patru. Continuați să adăugați bulion cca. 1/2 cană o dată, amestecând după fiecare adăugare. Reglați focul astfel încât lichidul să fiarbă repede, dar orezul să nu se lipească de oală. Aproximativ la jumătatea gătitului, asezonați cu sare și piper.

5.Folosiți doar cât este necesar până când orezul este fraged, dar ferm la mușcătură, iar risottoul este cremos. Când crezi că ai putea fi gata, încearcă câteva cereale. Dacă nu sunteți pregătit, încercați din nou testul în aproximativ un minut. Dacă bulionul se epuizează înainte ca orezul să fie fraged, folosiți apă fierbinte. Timpul de preparare este de 18 până la 20 de minute.

6.Scoateți tigaia pentru risotto de pe foc. Adăugați brânzeturile. Gust pentru condimente. Serviți imediat.

Risotto cu creveți și țelină

Risotto cu Gamberi și Sedano

Face 6 portii

Multe rețete italiene sunt aromate cu soffritto, o combinație de ulei sau unt, sau uneori ambele, și legume aromate, care pot include, dar nu se limitează la, ceapă, țelină, morcov, usturoi și uneori ierburi. Carnea de porc sărată sau pancetta este uneori adăugată la un soffritto pentru a-i da o aromă de carne.

La fel ca majoritatea bucătărilor italieni pe care îi cunosc, prefer să pun ingredientele soffritto în tigaie dintr-o dată și apoi să dau focul pentru ca totul să se încălzească și să se gătească ușor, astfel încât să pot controla mai bine rezultatele. Amestecă soffritto-ul des, uneori gătind până când legumele sunt moi pentru o aromă ușoară sau până când sunt maro auriu pentru mai multă profunzime. Dacă, în schimb, încălzești mai întâi uleiul sau untul, grăsimea poate deveni prea fierbinte dacă tigaia este subțire, căldura este prea mare sau ești momentan distras. Deci, atunci când se adaugă celelalte arome soffritto, se rumenesc prea repede și neuniform.

Soffritto-ul din această rețetă Emilia-Romagna se face în doi pași. Începeți doar cu uleiul de măsline și ceapa, pentru că vreau ca ceapa să-și elibereze aroma în ulei și să se estompeze puțin spre fund. A doua etapă presupune gătirea țelinei, pătrunjelul și usturoiul astfel încât țelina să rămână ușor crocantă, dar să-și elibereze aroma și să creeze un alt strat de aromă cu pătrunjelul și usturoiul.

Dacă cumpărați creveți în coajă, păstrați-i pentru a face un stoc de creveți gustos. Dacă vă grăbiți, puteți cumpăra creveți decojiți și folosiți doar supa de pui sau de pește, sau chiar apă.

6 cești de casă<u>Supa de pui</u>sau cumpărat stoc de pește

1 kilogram de creveți medii

1 ceapa mica, tocata marunt

2 linguri ulei de masline

1 cana telina tocata marunt

2 catei de usturoi, tocati marunt

2 linguri patrunjel proaspat tocat

2 căni de orez cu bob mediu, cum ar fi Arborio, Carnaroli sau Vialone Nano

Sare si piper negru proaspat macinat dupa gust.

1 lingura unt nesarat sau ulei de masline extravirgin

1. Pregătiți bulionul dacă este necesar. Apoi curăţaţi şi îndepărtați creveții, păstrând cojile. Tăiaţi creveții în bucăți de 1/2 inch şi puneți deoparte. Puneți cojile într-o oală mare cu bulionul. Se aduce la fierbere și se fierbe timp de 10 minute. Strecurați bulionul şi aruncați pielea. Întoarceți bulionul în tigaie şi aduceți la foc foarte mic.

dezgheț. Într-o cratiță mare şi grea, gătiți ceapa în ulei la foc mediu, amestecând des, aproximativ 5 minute. Adăugați țelina, usturoiul şi pătrunjelul şi gătiți încă 5 minute.

3. Adăugați orezul în legume și amestecați bine. Adăugați 1/2 cană de bulion și gătiți, amestecând, până când lichidul este absorbit. Continuați să adăugați 1/2 cană o dată, amestecând după fiecare adăugare. Reglați focul astfel încât lichidul să fiarbă repede, dar orezul să nu se lipească de oală.

Patru. Cand orezul este aproape gata, adaugam crevetii si sare si piper dupa gust. Folosiți doar cât este necesar până când orezul este fraged, dar ferm la muşcătură, iar risottoul este umed şi cremos. Când crezi că ai putea fi gata, încearcă câteva cereale. Dacă nu sunteți pregătit, încercați din nou testul în aproximativ un minut. Dacă bulionul se epuizează înainte ca orezul să fie fraged, folosiți apă fierbinte. Timpul de preparare este de 18 până la 20 de minute.

5.Scoateți risottoul de pe foc. Adăugați untul sau uleiul şi amestecați până se omogenizează. Serviți imediat.

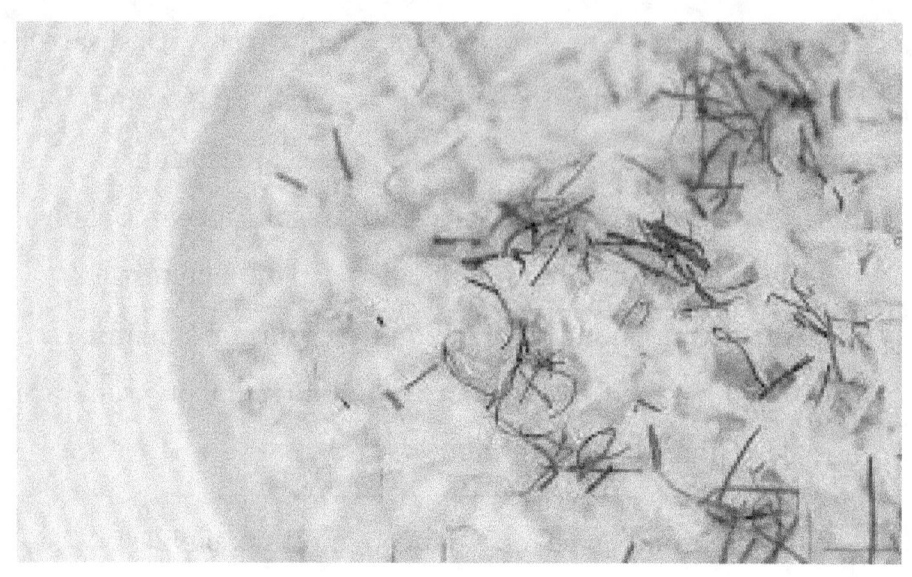

Risotto cu "fructe ale mării"

Risotto cu Frutti di Mare

Face 4 până la 6 porții

La acest risotto pot fi adăugate scoici mici sau scoici, sau chiar bucăți de pește ferm, cum ar fi tonul. Bucătarii din Veneto, de unde provine această rețetă, preferă varietatea de orez Vialone Nano.

6 căniSupa de puisau apa

6 linguri de ulei de măsline

2 linguri patrunjel proaspat tocat

2 catei mari de usturoi, tocati marunt

1/2 lire de calamari (calamar), tăiați în inele de 1/2 inch și tentacule tăiate în jumătate prin fund (veziCurățare caracatiță (caracatiță))

1/4 lire de creveți, curățați și devenați și tăiați în bucăți de 1/2 inch

1/4 lire scoici, tăiate în bucăți de 1/2 inch

Sare

praf de ardei rosu macinat

1 ceapa medie, tocata marunt

2 căni de orez cu bob mediu, cum ar fi Arborio, Carnaroli sau Vialone Nano

1 1/2 cană vin alb sec

1 cana rosii curatate de coaja, fara samburi si tocate

1. Pregătiți bulionul dacă este necesar. Punem 3 linguri de ulei cu usturoi si patrunjel intr-o tigaie lata si groasa. Gatiti la foc mediu, amestecand din cand in cand, pana cand usturoiul este moale si auriu, aproximativ 2 minute. Adăugați toate fructele de mare, sare după gust și piper roșu și gătiți, amestecând, până când calamarii devin opace, aproximativ 5 minute.

dezgheț. Scoateți crustaceele într-o farfurie cu o lingură. Adăugați bulionul de pui în tigaie și aduceți la fierbere. Păstrați bulionul la foc foarte mic în timp ce gătiți risotto.

3. Într-o cratiță mare și grea, la foc mediu, gătiți ceapa în restul de 3 linguri de ulei până se rumenește, aproximativ 10 minute.

Patru. Adăugați orezul și gătiți, amestecând cu o lingură de lemn, până se încălzește, aproximativ 2 minute. Adăugați vinul. Gatiti pana cand cea mai mare parte a lichidului este absorbita. Adăugați 1/2 cană de bulion fierbinte și amestecați până când lichidul este absorbit. Continuați să adăugați 1/2 cană o dată, amestecând după fiecare adăugare. Reglați focul astfel încât lichidul să fiarbă repede, dar orezul să nu se lipească de oală. Aproximativ la jumătatea gătitului, adăugați roșii și sare după gust.

5.Folosiți doar cât este necesar până când orezul este fraged, dar ferm la mușcătură, iar risottoul este cremos. Când crezi că ai putea fi gata, încearcă câteva cereale. Dacă nu sunteți pregătit, încercați din nou testul în aproximativ un minut. Dacă bulionul se epuizează înainte ca orezul să fie fraged, folosiți apă fierbinte. Timpul de preparare este de 18 până la 20 de minute.

6.Adăugați crustaceele în tigaie și gătiți încă 1 minut. Scoateți tigaia pentru risotto de pe foc. Serviți imediat.

Friptură de miel cu cartofi, usturoi și rozmarin

Agnello al Forno

Face 6 portii

Italienii ar servi acest miel bine făcut, dar cred că are cel mai bun gust când este mediu rar, care este de aproximativ 130 ° F pe un termometru instant. Lăsați mielul să se odihnească după prăjire, astfel încât sucul să aibă șansa să se scurgă înapoi în centrul cărnii.

6 cartofi universali, curățați și tăiați în bucăți de 1 inch

3 linguri ulei de masline

Sare și piper negru proaspăt măcinat

1 pulpă de miel dezosată, tăiată (aproximativ 5 1/2 lire)

6 catei de usturoi tocati marunt

2 linguri rozmarin proaspăt tocat

1. Așezați un grătar în mijlocul cuptorului. Preîncălziți cuptorul la 350 ° F. Puneți cartofii într-o tavă suficient de mare pentru

a ține carnea și cartofii fără a se înghesui. Se amestecă cu ulei, sare și piper după gust.

dezgheț. Faceți tăieturi mici peste tot mielul cu un cuțit mic. Pune puțin din usturoi și rozmarin în găuri, rezervând puțin pentru cartofi. Presărați generos carnea cu sare și piper. Separați cartofii și adăugați carnea, cu partea grasă în sus.

3. Dați tava la cuptor și coaceți timp de 30 de minute. Întoarceți cartofii. Prăjiți încă 30 până la 45 de minute sau până când temperatura internă arată 130 ° F pe un termometru cu citire instantanee introdus în partea cea mai groasă a cărnii, departe de os. Scoateți tava din cuptor și transferați mielul pe o masă de tăiat. Acoperiți carnea cu folie de aluminiu. Lăsați să stea cel puțin 15 minute înainte de a tăia.

Patru. Testați cartofii dacă sunt gătiți întinzându-i cu un cuțit ascuțit. Dacă au nevoie de mai multă gătit, preîncălziți cuptorul la 400 ° F. Puneți tava la cuptor și gătiți până se înmoaie.

5. Tăiați mielul în felii și serviți fierbinte alături de cartofi.

Pulpă de miel cu lămâie, ierburi și usturoi

agnello staccato

Face 6 portii

Busuiocul, menta, usturoiul și lămâia parfumează această friptură de miel. Odată ajuns la cuptor, nu mai este multe de făcut. Este preparatul perfect pentru o cină mică sau o cină de duminică. Adăugați niște cartofi, morcovi, napi sau alte legume rădăcinoase în tigaie, dacă doriți.

1 pulpă de miel, feliată subțire (aproximativ 3 kg)

2 catei de usturoi

2 linguri busuioc proaspăt tocat

1 lingura menta proaspata tocata

1/4 cană Pecorino Romano sau Parmigiano-Reggiano proaspăt ras

1 lingurita coaja de lamaie

1 1/2 lingurita oregano uscat

Sare și piper negru proaspăt măcinat

2 linguri ulei de masline

1.Așezați un grătar în centrul cuptorului. Preîncălziți cuptorul la 425°F.

dezgheț. Tocați mărunt usturoiul, busuiocul și menta. Într-un castron mic, amestecați amestecul cu brânza, coaja de lămâie și oregano. Adăugați 1 linguriță de sare și piper proaspăt măcinat după gust. Folosind un cuțit mic, faceți tăieturi de aproximativ 3/4 inci adâncime în toată carnea. Puneți puțin din amestecul de ierburi în fiecare gaură. Frecați uleiul peste toată carnea. Se prăjește timp de 15 minute.

3.Reduceți căldura la 350 ° F. Prăjiți încă o oră sau până când carnea este rară și temperatura internă atinge 130 ° F pe un termometru cu citire instantanee plasat în partea cea mai groasă, dar fără a atinge osul.

Patru. Scoateți mielul din cuptor și transferați-l pe o masă de tăiat. Acoperiți mielul cu folie de aluminiu și lăsați-l să se odihnească 15 minute înainte de a-l tăia. Se serveste fierbinte.

Dovlecel umplut cu miel la fiert

Dovlecel Ripen

Face 6 portii

Un pulpă de miel hrăneşte o mulțime, dar după o cină mică îmi rămân adesea resturi. Atunci fac acesti dovlecei umpluti gustosi. Alte tipuri de carne gătită sau chiar păsări pot fi înlocuite.

2 până la 3 felii (1/2 inch grosime) pâine italiană

1 1/4 cană lapte

1 kilogram de miel fiert

2 ouă mari

2 linguri patrunjel proaspat tocat

2 catei de usturoi, tocati marunt

1/2 cană Pecorino Romano sau Parmigiano-Reggiano proaspăt ras

Sare şi piper negru proaspăt măcinat

6 dovlecei medii, spălați şi tăiați

2 căni de sos de roșii, de exsos marinara

1.Așezați un grătar în centrul cuptorului. Preîncălziți cuptorul la 425 ° F. Ungeți o tavă de copt de 13 × 9 × 2 inci.

dezgheț. Scoateți crusta de pe pâine și tăiați pâinea în bucăți. (Ar trebui să aveți aproximativ 1 cană.) Puneți bucățile într-un castron mediu, turnați laptele și lăsați-le să se infuzeze.

3.Tăiați carnea foarte fin într-un robot de bucătărie. Transferați într-un castron mare. Adăugați ouăle, pătrunjelul, usturoiul, pâinea înmuiată, 1/4 cană de brânză și sare și piper după gust. Amesteca bine.

Patru.Tăiați dovlecelul în jumătate pe lungime. Răzuiți semințele. Umpleți dovleceii cu amestecul de carne. Aranjați dovleceii unul lângă altul în tigaie. Se toarnă sosul peste și se stropește cu restul de brânză.

5.Coaceți 35 până la 40 de minute sau până când umplutura este gătită și dovlecelul este fraged. Se serveste cald sau la temperatura camerei.

Iepure cu vin alb și ierburi

Vin alb Coniglio

Face 4 portii

Aceasta este o rețetă de bază de iepure din Liguria, care poate fi variată prin adăugarea de măsline negre sau verzi sau alte ierburi. Bucătarii din această regiune pregătesc iepurele în multe moduri diferite, inclusiv cu nuci de pin, ciuperci sau anghinare.

1 iepure (2 1/2 până la 3 lire sterline), tăiat în 8 bucăți

Sare și piper negru proaspăt măcinat

3 linguri ulei de masline

1 ceapa mica, tocata marunt

1 1/2 cană morcov tocat mărunt

1 1/2 cana telina tocata marunt

1 lingura frunze proaspete de rozmarin tocate

1 lingurita de cimbru proaspat tocat

1 frunză de dafin

1 1/2 cană vin alb sec

1 cană supă de pui

1.Clătiți bucățile de iepure și uscați-le cu hârtie de bucătărie. Se presară cu sare și piper.

dezgheț.Într-o tigaie mare, încălziți uleiul la foc mediu. Adăugați iepurele și rumeniți-l ușor pe toate părțile, aproximativ 15 minute.

3.Întindeți ceapa, morcovul, țelina și ierburile în jurul bucăților de iepure și gătiți până când ceapa este moale, aproximativ 5 minute.

Patru. Se adauga vinul si se aduce la fierbere. Gatiti pana cand cea mai mare parte a lichidului se evapora, aproximativ 2 minute. Adăugați bulion și aduceți la fierbere. Reduceți căldura la minimum. Acoperiți oala și gătiți, întorcând iepurele din când în când cu clește, până când se înmoaie când este străpuns cu o furculiță, aproximativ 30 de minute.

5. Transferați iepurele pe un platou de servire. Acoperiți și păstrați la cald. Se mărește focul și se gătește conținutul tigaii până se reduce și se îngroașă, aproximativ 2 minute. Aruncați frunza de dafin.

6. Turnați conținutul tigaii peste iepure și serviți imediat.

Iepure cu măsline

Coniglio alla Stimperata

Face 4 portii

Ardeiul rosu, maslinele verzi si caperele aromatizeaza acest preparat de iepure sicilian. Termenul alla stimperata este aplicat diferitelor rețete siciliene, deși sensul său este neclar. Poate proveni de la stemperare, care înseamnă „a dizolva, a dilua sau a amesteca" și se referă la adăugarea de apă în oală în timp ce iepurele se gătește.

1 iepure (2 1/2 până la 3 lire sterline), tăiat în 8 bucăți

1 1/4 cană ulei de măsline

3 catei de usturoi tocati

1 cană măsline verzi fără sâmburi, clătite și scurse

2 ardei rosii, taiati fasii subtiri

1 lingură capere, clătite

un praf de oregano

Sare și piper negru proaspăt măcinat

2 linguri otet de vin alb

$1$1/2 cană apă

1.Clătiți bucățile de iepure și uscați-le cu hârtie de bucătărie.

dezgheț.Într-o tigaie mare, încălziți uleiul la foc mediu. Adăugați iepurele și rumeniți bine bucățile pe toate părțile, aproximativ 15 minute. Transferați bucățile de iepure pe o farfurie.

3.Adăugați usturoiul în tigaie și gătiți timp de 1 minut. Adăugați măsline, ardei, capere și oregano. Gatiti, amestecand, timp de 2 minute.

Patru. Pune iepurele înapoi în oală. Se condimenteaza cu sare si piper dupa gust. Adăugați oțetul și apa și aduceți la fiert. Reduceți căldura la minimum. Acoperiți și gătiți, întorcând iepurele din când în când, până când se înmoaie când este străpuns cu o furculiță, aproximativ 30 de minute. Adăugați puțină apă dacă lichidul se evaporă. Transferați într-un vas de servire și serviți cald.

Iepure, stil Porchetta

Coniglio în Porchetta

Face 4 portii

Combinația de condimente folosită pentru a face friptura de porc este atât de delicioasă încât bucătarii au adaptat-o la alte cărnuri care sunt mai confortabile de gătit. Feniculul sălbatic este folosit în regiunea Marches, dar semințele de fenicul uscate pot fi înlocuite.

1 iepure (2½ până la 3 lire sterline), tăiat în 8 bucăți

Sare și piper negru proaspăt măcinat

2 linguri ulei de masline

2 uncii de panceta

3 catei de usturoi, tocati marunt

2 linguri rozmarin proaspăt tocat

1 lingura de seminte de fenicul

2 sau 3 frunze de salvie

1 frunză de dafin

1 cană de vin alb sec

1 1/2 cană apă

1. Clătiți bucățile de iepure și uscați-le cu hârtie de bucătărie. Se presară cu sare și piper.

dezgheț. Într-o tigaie suficient de mare încât să țină bucățile de iepure într-un singur strat, încălziți uleiul la foc mediu. Aranjați bucățile în tigaie. Răspândiți slănina peste tot. Gatiti pana se rumeneste iepurele pe o parte, aproximativ 8 minute.

3. Întoarceți iepurele și presărați usturoi, rozmarin, fenicul, salvie și foi de dafin pe toate părțile. Cand iepurele se rumeneste pe cealalta parte, dupa aprox. 7 minute, adaugă vinul și amestecă, răzuind fundul cratiței. Se caleste vinul timp de 1 minut.

Patru. Gatiti, neacoperit, intoarcend carnea din cand in cand, pana cand iepurele este foarte fraged si cade de pe os, aproximativ 30 de minute. (Adăugați puțină apă dacă tigaia se usucă prea mult.)

5. Aruncați frunza de dafin. Transferați iepurele într-un vas de servire și serviți cald cu sucul din tigaie.

Iepure cu rosii

Coniglio alla Ciociara

Face 4 portii

În regiunea Ciociara, în afara Romei, cunoscută pentru bucătăria sa delicioasă, iepurele este gătit într-un sos de roșii și vin alb.

1 iepure (2 1/2 până la 3 lire sterline), tăiat în 8 bucăți

2 linguri ulei de masline

2 uncii pancetta, feliată gros și tocată

2 linguri patrunjel proaspat tocat

1 catel de usturoi, usor zdrobit

Sare și piper negru proaspăt măcinat

1 cană de vin alb sec

2 cani de rosii prune, curatate de coaja, fara samburi si tocate

1. Clătiți bucățile de iepure, apoi uscați-le cu prosoape de hârtie. Încinge uleiul într-o cratiță mare la foc mediu. Asezam

iepurele in tava, apoi adaugam pancetta, patrunjelul si usturoiul. Gatiti pana iepurele se rumeneste bine pe toate partile, aproximativ 15 minute. Se presară cu sare și piper.

dezgheț. Scoateți usturoiul din tigaie și aruncați-l. Adăugați vinul și fierbeți timp de 1 minut.

3.Reduceți căldura la minimum. Adăugați roșiile, apoi gătiți până când iepurele este fraged și cade de pe os, aproximativ 30 de minute.

Patru. Transferați iepurele într-un vas de servire și serviți cald cu sos.

Iepure înăbușit dulce-acru

Coniglio în Agrodolce

Face 4 portii

Sicilienii sunt cunoscuți pentru dulceața lor, o moștenire a dominației maure a insulei care a durat cel puțin două sute de ani. Stafidele, zahărul și oțetul dau acestui iepure un gust ușor dulce-acru.

1 iepure (2 1/2 până la 3 lire sterline), tăiat în 8 bucăți

2 linguri ulei de masline

2 uncii panceta tăiată groasă, tocată

1 ceapa medie, tocata marunt

Sare și piper negru proaspăt măcinat

1 cană de vin alb sec

2 cuișoare întregi

1 frunză de dafin

1 cana supa de vita sau pui

1 lingura de zahar

1 1/4 cana otet de vin alb

2 linguri stafide

2 linguri de nuci de pin

2 linguri patrunjel proaspat tocat

1. Clătiți bucățile de iepure, apoi uscați-le cu prosoape de hârtie. Într-o tigaie mare, încălziți uleiul și pancetta la foc mediu timp de 5 minute. Adăugați iepurele și gătiți pe o parte până se rumenește, aproximativ 8 minute. Întoarceți bucățile de iepure cu clești și distribuiți ceapa pe toate părțile. Se presară cu sare și piper.

dezgheț. Adăugați vin, cuișoare și dafin. Aduceți lichidul la fiert și gătiți până când cea mai mare parte a vinului s-a evaporat, aproximativ 2 minute. Adăugați bulionul și acoperiți tigaia. Reduceți focul la mic și gătiți până când iepurele este fraged, 30 până la 45 de minute.

3. Transferați bucățile de iepure pe o farfurie. (Dacă rămâne mult lichid, gătiți la foc mare până scade.) Adăugați zahărul, oțetul, stafidele și nucile de pin. Se amestecă până se dizolvă zahărul, aproximativ 1 minut.

Patru. Întoarceți iepurele în tigaie și gătiți, răsturnând bucățile în sos, până arată bine acoperite, aproximativ 5 minute. Se adauga patrunjelul si se serveste fierbinte cu sucul din tigaie.

Iepure fript cu cartofi

Coniglio Arrosto

Face 4 portii

La casa prietenei mele Dora Marzovilla, o cină de duminică sau o masă de ocazie specială începe adesea cu o gamă largă de legume prăjite crocante și fragede, cum ar fi inimioare de anghinare sau sparanghel, urmate de boluri aburinde de orecchiette sau cavatelli de casă aburite cu un raguut delicios făcut cu mici. Chiftele. Dora, care provine din Rutigliano în Puglia, este o bucătăreasă minunată, iar această mâncare de iepure, pe care o servește ca fel principal, este una dintre specialitățile ei.

1 iepure (2 1/2 până la 3 lire sterline), tăiat în 8 bucăți

1 1/4 cană ulei de măsline

1 ceapa medie, tocata marunt

2 linguri patrunjel proaspat tocat

1/2 cană de vin uscat

Sare și piper negru proaspăt măcinat

4 cartofi medii universali, curățați și tăiați în cuburi de 1 inch

1 1/2 cană apă

1 1/2 lingurita oregano

1. Clătiți bucățile de iepure și uscați-le cu hârtie de bucătărie. Într-o tigaie mare, încălziți două linguri de ulei la foc mediu. Adăugați iepurele, ceapa și pătrunjelul. Gătiți, întorcând bucățile din când în când, până se rumenesc ușor, aproximativ 15 minute. Adăugați vinul și gătiți încă 5 minute. Se presară cu sare și piper.

dezgheț. Așezați un grătar în centrul cuptorului. Preîncălziți cuptorul la 425 ° F. Ungeți o tavă suficient de mare pentru a ține toate ingredientele într-un singur strat.

3. Întindeți cartofii în tigaie și amestecați cu restul de 2 linguri de ulei. Adăugați conținutul tigaii în tigaie și puneți bucățile de iepure în jurul cartofilor. Adăugați apa. Se presara cu oregano si sare si piper. Acoperiți tava cu folie de aluminiu. Se prăjește 30 de minute. Acoperiți și gătiți încă 20 de minute sau până când cartofii sunt fragezi.

Patru. Transferați într-un vas de servire. Se serveste fierbinte.

anghinare marinate

Carciofi Marinati

Face 6 până la 8 porții

Aceste anghinare sunt excelente în salate, cu delicatese sau ca parte a unui sortiment de antipasto. Anghinarea se pastreaza cel putin doua saptamani la frigider.

Dacă nu aveți anghinare pui, înlocuiți anghinare de mărime medie, tăiată în opt cuburi.

1 cană oțet de vin alb

2 căni de apă

1 frunză de dafin

1 cățel întreg de usturoi

8 până la 12 anghinare pui, tăiate și tăiate în sferturi (veziPentru a pregăti anghinare întregi)

praf de ardei rosu macinat

Sare

Ulei de măsline extra virgin

1. Într-o oală mare, combinați oțetul, apa, dafinul și usturoiul. Aduceți lichidul la fierbere.

dezgheț. Adăugați anghinare, ardei roșu zdrobit și sare după gust. Gătiți până când se înmoaie când este străpuns cu un cuțit, 7 până la 10 minute. Scoateți de pe foc. Turnați conținutul tigaii printr-o sită cu ochiuri fine într-un castron. Păstrează lichidul.

3. Ambalați anghinarea în borcane sterilizate. Se toarnă lichidul de gătit pentru a acoperi. Lasati sa se raceasca complet. Acoperiți și lăsați la frigider pentru cel puțin 24 de ore sau până la 2 săptămâni.

Patru. Pentru a servi, scurgeți anghinarea și le amestecați cu ulei.

anghinare romane

Carciofi alla Romana

Face 8 portii

Fermele mici din Roma produc o mulțime de anghinare proaspătă în timpul primăverii și toamnei. Camioanele mici le duc la piețele de colț, unde sunt vândute direct din spatele camionului. Anghinarea are tulpini lungi și frunze încă atașate deoarece tulpinile, atunci când sunt decojite, sunt bune de mâncat. Romanii găteau anghinare cu tulpina în sus. Arata foarte atractiv cand sunt puse pe un platou de servire.

2 catei mari de usuroi, tocati marunt

2 linguri patrunjel proaspat tocat

1 lingura de menta proaspata tocata sau 1/2 lingurita de maghiran uscat

Sare și piper negru proaspăt măcinat

1 1/4 cană ulei de măsline

8 anghinare de mărime medie, pregătite pentru umplutură (veziPentru a pregăti anghinare întregi)

1 1/2 cană vin alb sec

1. Într-un castron mic, amestecați usturoiul, pătrunjelul și menta sau maghiranul. Se adauga sare si piper dupa gust. Adăugați 1 lingură de ulei.

dezgheț. Întindeți cu grijă frunzele de anghinare și împingeți o parte din amestecul de usturoi în centru. Ciupiți ușor anghinarea pentru a ține umplutura, puneți-le cu tulpina în sus într-o tigaie suficient de mare pentru a le ține în poziție verticală. Se toarnă vinul în jurul anghinarelor. Adăugați apă la o adâncime de 3/4 inch. Stropiți anghinarea cu uleiul rămas.

3. Acoperiți tigaia și aduceți lichidul la fiert la foc mediu. Fierbeți 45 de minute sau până când anghinarea devin fragede când sunt străpunse cu un cuțit. Se serveste cald sau la temperatura camerei.

anghinare fierte

Carciofi Stufati

Face 8 portii

Anghinarele sunt membri ai familiei ciulinului și cresc pe plante scurte și stufoase. Se găsesc în multe locuri din sudul Italiei și mulți oameni le cresc în grădinile lor de acasă. O anghinare este de fapt o floare nedeschisă. Anghinare foarte mari cresc în vârful tufișului, în timp ce cele mai mici răsar lângă bază. Anghinarele mici, numite adesea anghinare pentru pui, sunt ideale pentru fiert. Pregătiți-le pentru gătit așa cum ați face cu o anghinare mai mare. Textura și gustul untos dulce sunt deosebit de bune cu pește.

1 ceapa mica, tocata marunt

1 1/4 cană ulei de măsline

1 catel de usturoi, tocat marunt

2 linguri patrunjel proaspat tocat

copil de 2 kilogrameanghinare, tăiate și sferturi

1 1/2 cană apă

Sare și piper negru proaspăt măcinat

1. Într-o oală mare, prăjiți ceapa în ulei la foc mediu până se înmoaie, aproximativ 10 minute. Adăugați usturoiul și pătrunjelul.

dezgheț. Adăugați anghinarea în tigaie și amestecați bine. Se adauga apa si sare si piper dupa gust. Acoperiți și fierbeți până când anghinarea sunt fragede când sunt străpunse cu un cuțit, aproximativ 15 minute. Se serveste cald sau la temperatura camerei.

Variație: În pasul 2, adăugați 3 cartofi medii, decojiți și tăiați cubulețe de 1 inch, împreună cu ceapa.

Anghinare, stil evreiesc

Carciofi alla Giudia

Face 4 portii

Evreii au venit pentru prima dată la Roma în secolul I î.Hr. Ei s-au stabilit în apropierea râului Tibru și în 1556 au fost închiși într-un ghetou cu ziduri de către Papa Paul al IV-lea. Mulți erau săraci și supraviețuiau cu alimentele simple și ieftine disponibile, cum ar fi codul, dovleceii și anghinarea. Până când zidurile ghetoului au căzut la mijlocul secolului al XIX-lea, evreii din Roma și-au dezvoltat propriul stil de gătit, care mai târziu s-a îndepărtat de alți romani. Astăzi, mâncăruri evreiești, cum ar fi flori de dovlecel umplute prăjite, Gnochi cu gris, iar aceste anghinare sunt considerate clasice romane.

Cartierul evreiesc din Roma încă există și există câteva restaurante bune unde puteți încerca acest stil de gătit. La Piperno și Da Giggetto, două trattorie preferate, aceste anghinare prăjite sunt servite fierbinți, cu multă sare. Frunzele sunt la fel de crocante ca chipsurile de cartofi. Conul se va stropi în timp ce gătiți, așa că stați departe de aragaz și protejați-vă mâinile.

4 mediianghinare, preparat ca umplutură

Ulei de masline

Sare

1. Se usucă anghinarea. Puneți o anghinare cu partea de jos în sus pe o suprafață plană. Apăsați pe anghinare cu palma pentru a o aplatiza și deschide frunzele. Repetați cu restul de anghinare. Întoarceți-le astfel încât vârfurile frunzelor să fie orientate în sus.

dezgheț. Într-o tigaie mare, adâncă sau o oală largă și grea, încălziți aproximativ 2 inci de ulei de măsline la foc mediu până când o frunză de anghinare se strecoară în ulei și se rumenește rapid. Protejați-vă mâna cu o mănușă de cuptor, deoarece uleiul poate scuipa și stropi dacă anghinarea este umedă. Se adauga anghinarea cu varfurile frunzelor in jos. Gatiti, presand anghinarea in ulei cu o lingura cu fanta, pana se rumenesc pe o parte, aproximativ 10 minute. Folosind clești, întoarceți ușor anghinarea și gătiți până se rumenesc, aproximativ 10 minute.

3. Scurgeți pe hârtie de bucătărie. Se presară cu sare și se servește imediat.

Tocană de legume de primăvară romană

Vignarola

Face 4 până la 6 porții

Italienii sunt foarte în ton cu anotimpurile, iar sosirea primilor coci de primăvară indică faptul că iarna s-a terminat și că vremea caldă va reveni în curând. Pentru a sărbători, romanii mănâncă boluri din această tocană de legume proaspete de primăvară cu anghinare ca fel principal.

4 uncii pancetta feliată, tocată

1 1/4 cană ulei de măsline

1 ceapa medie, tocata

4 mediianghinare, tăiate și sferturi

1 kilogram de fasole proaspete, decojite sau în loc de 1 cană de fasole sau fasole congelate

   1/2 cană Supa de pui

Sare și piper negru proaspăt măcinat

1 kilogram de mazăre proaspătă, decojită (aproximativ 1 cană)

2 linguri patrunjel proaspat tocat

1. Într-o tigaie mare, gătiți pancetta în ulei la foc mediu. Se amestecă des, până când pancetta începe să se rumenească, 5 minute. Adăugați ceapa și gătiți până devine auriu, încă aproximativ 10 minute.

dezgheț. Adăugați anghinare, fasole fava, bulion și sare și piper după gust. Reduceți căldura. Acoperiți și gătiți timp de 10 minute sau până când anghinarea sunt aproape fragede când sunt străpunse cu un cuțit. Adăugați mazărea și pătrunjelul și gătiți încă 5 minute. Se serveste cald sau la temperatura camerei.

Inimioare crocante de anghinare

Carciofini Fritti

Face 6 până la 8 porții

În Statele Unite, anghinarea este cultivată în principal în California, unde a fost plantată pentru prima dată la începutul secolului al XX-lea de imigranții italieni. Soiurile sunt diferite de cele din Italia și sunt adesea foarte coapte când sunt culese, făcându-le uneori tari și lemnoase. Inimile de anghinare congelate pot fi foarte bune și pot economisi mult timp. Uneori le folosesc pentru această rețetă. Inimioarele de anghinare prajite sunt delicioase cu cotlete de miel sau ca aperitiv.

12 copilanghinare, tăiate și tăiate în sferturi sau 2 pachete (10 uncii) inimioare de anghinare congelate, ușor gătite conform instrucțiunilor de pe ambalaj

3 ouă mari, bătute

Sare

2 căni de pesmet uscat

ulei pentru prajit

Felii de lamaie

1.Anghinare uscate proaspete sau fierte. Într-un castron mediu, puțin adânc, bateți ouăle cu sare, după gust. Întindeți pesmetul pe o bucată de hârtie ceară.

dezgheț. Puneți un grătar de răcire peste o tavă de copt. Înmuiați anghinarea în amestecul de ouă, apoi rulați-le în pesmet. Puneți anghinarea pe grătar să se usuce timp de cel puțin 15 minute înainte de gătire.

3.Tapetați o tavă cu hârtie de bucătărie. Turnați uleiul la o adâncime de 1 inch într-o tigaie mare și grea. Încinge uleiul până sfârâie o picătură din amestecul de ouă. Adăugați suficiente anghinare pentru a încăpea confortabil în tigaie, fără a se înghesui. Gătiți, răsturnând bucățile cu cleștele, până se rumenesc, aproximativ 4 minute. Se scurge pe hartie de bucatarie si se tine la cald in timp ce anghinarea ramasa se prajeste, in portii daca este cazul.

Patru. Se presară cu sare și se servește fierbinte cu felii de lămâie.

Anghinare umplute

Carciofi Ripieni

Face 8 portii

Așa făcea întotdeauna mama anghinare: este un preparat clasic în tot sudul Italiei. Există suficientă umplutură pentru a condimenta anghinarea și a le scoate în evidență aroma. Prea multă umplutură face anghinarea umedă și grea, așa că nu măriți cantitatea de pesmet și folosiți măcar pesmet de bună calitate. Anghinarea poate fi făcută în avans și servită la temperatura camerei sau consumată caldă și proaspătă.

8 mediuanghinare, pregătit pentru umplutură

3/4 cană pesmet uscat

1 1/4 cana patrunjel proaspat tocat

1/4 cană Pecorino Romano sau Parmigiano-Reggiano proaspăt ras

1 catel de usturoi, tocat foarte fin

Sare și piper negru proaspăt măcinat

Ulei de masline

1.Foloseşte un cuţit mare de bucătar pentru a toca fin tulpinile de anghinare. Aruncaţi tulpinile într-un castron mare cu pesmetul, pătrunjelul, brânza, usturoiul şi sare şi piper după gust. Adăugaţi puţin ulei şi amestecaţi pentru a umezi firimiturile uniform. Testaţi şi ajustaţi condimentele.

dezgheţ. Separă cu grijă frunzele. Umpleţi uşor centrul anghinării cu amestecul de pesmet, adăugând şi puţină umplutură între frunze. Nu împachetaţi umplutura.

3.Puneţi anghinarea într-o tigaie suficient de largă pentru a le ţine în poziţie verticală. Adăugaţi apă până la o adâncime de 3/4 inci în jurul anghinarelor. Stropiţi anghinarea cu 3 linguri de ulei de măsline.

Patru. Acoperiţi tigaia şi puneţi-o la foc mediu. Când apa fierbe, reduceţi focul. Gatiti aprox. 40 până la 50 de minute (în funcţie de mărimea anghinarelor), sau până când fundul anghinării este fraged când este străpuns cu un cuţit şi o frunză se desprinde uşor. Adăugaţi apă fierbinte suplimentară dacă este necesar pentru a preveni arsurile. Se serveste cald sau la temperatura camerei.

Anghinare umplute in stil sicilian

Carciofi alla Siciliana

Face 4 portii

Clima caldă și uscată a Siciliei este perfectă pentru cultivarea anghinării. Plantele, care au frunze zimțate argintii, sunt destul de frumoase și mulți oameni le folosesc ca arbuști decorativi în grădinile lor de acasă. La sfârșitul sezonului, anghinarele rămase pe plantă se desfac, expunând în centru chokerul complet copt, care este violet și stufș.

Acesta este modul sicilian de a umple anghinarea, care este mai complex decât atâtAnghinare umplutereteta medicala. Se servește ca prim fel înainte de pește la grătar sau de o bucată de miel.

4 mediianghinare, pregătit pentru umplutură

1 1/2 cană pesmet

4 fileuri de hamsii, tocate marunt

2 linguri capere scurse tocate

2 linguri nuci de pin prajite

2 linguri stafide aurii

2 linguri patrunjel proaspat tocat

1 cățel mare de usturoi, tocat mărunt

Sare și piper negru proaspăt măcinat

4 linguri ulei de masline

1 1/2 cană vin alb sec

Apă

1. Combinați pesmet, hamsii, capere, nuci de pin, stafide, pătrunjel, usturoi și sare și piper într-un castron mediu. Adăugați două linguri de ulei.

dezgheț. Separă cu grijă frunzele. Umpleți anghinarea lejer cu amestecul de pesmet, adăugând și niște umplutură între frunze. Nu împachetați umplutura.

3. Puneți anghinarea într-o tigaie suficient de mare pentru a le ține în poziție verticală. Adăugați apă până la o adâncime de

3/4 inci în jurul anghinarelor. Stropiți cu restul de 2 linguri de ulei. Se toarnă vinul în jurul anghinarelor.

Patru. Acoperiți tigaia și puneți-o la foc mediu. Când apa fierbe, reduceți focul. Se fierbe 40 până la 50 de minute (în funcție de mărimea anghinarelor) sau până când fundul anghinării este fraged când este străpuns cu un cuțit și o frunză se desprinde ușor. Adăugați apă fierbinte suplimentară dacă este necesar pentru a preveni arsurile. Se serveste cald sau la temperatura camerei.

Sparanghel „în tigaie"

Sparanghel în Padella

Face 4 până la 6 porții

Acești sparanghel se prăjesc rapid. Adăugați usturoi tocat sau ierburi proaspete, dacă doriți.

3 linguri ulei de masline

1 kilogram de sparanghel

Sare și piper negru proaspăt măcinat

2 linguri patrunjel proaspat tocat

1. Tăiați fundul sparanghelului în punctul în care tulpina se schimbă de la alb la verde. Tăiați sparanghelul în bucăți de 2 inci.

dezgheț. Într-o tigaie mare, încălziți uleiul la foc mediu. Se adauga sparanghelul si sare si piper dupa gust. Gatiti 5 minute, amestecand des, sau pana cand sparanghelul se rumeneste usor.

3. Acoperiți tigaia și gătiți încă 2 minute sau până când sparanghelul este fraged. Se adauga patrunjelul si se serveste imediat.

Sparanghel cu ulei si otet

Salata de sparanghel

Face 4 până la 6 porții

Imediat ce primăvara apar primele sulițe cultivate local, le pregătesc astfel și în cantitate mare pentru a satisface poftele care s-au dezvoltat în timpul iernii lungi. Aruncă sparanghelul în dressing cât este încă cald pentru a absorbi aroma.

1 kilogram de sparanghel

Sare

1 1/4 cană ulei de măsline extravirgin

1 până la 2 linguri de oțet de vin roșu

piper negru proaspăt măcinat

1. Tăiați fundul sparanghelului în punctul în care tulpina se schimbă de la alb la verde. Aduceți aproximativ 2 inci de apă la fiert într-o tigaie mare. Adăugați sparanghel și sare după gust. Gatiti pana cand sparanghelul se indoaie usor cand este ridicat de pe tulpina, 4 pana la 8 minute. Timpul de gătire va

depinde de grosimea sparanghelului. Scoatem sparanghelul cu penseta. Se scurge pe prosoape de hârtie și se usucă.

dezgheț. Într-un vas mare, puțin adânc, combinați uleiul, oțetul, un praf de sare și o cantitate generoasă de piper. Bateți cu o furculiță până se combină. Adauga sparanghelul si amesteca usor pana se imbraca. Se serveste cald sau la temperatura camerei.

Sparanghel cu unt de lamaie

Asparagi al ass

Face 4 până la 6 porții

Sparanghelul gătit în acest mod de bază se potrivește cu aproape orice, de la ouă la pește la carne. Adăugați în unt arpagicul proaspăt tocat, pătrunjel sau busuioc pentru o variație.

1 kilogram de sparanghel

Sare

2 linguri de unt nesarat, topit

1 lingura suc proaspat de lamaie

piper negru proaspăt măcinat

1. Tăiați fundul sparanghelului în punctul în care tulpina se schimbă de la alb la verde. Aduceți aproximativ 2 inci de apă la fiert într-o tigaie mare. Adăugați sparanghel și sare după gust. Gatiti pana cand sparanghelul se indoaie usor cand este ridicat de pe tulpina, 4 pana la 8 minute. Timpul de gătire va depinde de grosimea sparanghelului. Scoatem sparanghelul cu penseta. Scurge-le pe hartie de bucatarie si usuca-le.

dezgheț. Curățați tigaia. Adăugați untul și gătiți la foc mediu până se topește, aproximativ 1 minut. Adăugați sucul de lămâie. Întoarceți sparanghelul în tigaie. Se presară cu piper și se amestecă ușor pentru a se acoperi cu sos. Serviți imediat.

Sparanghel cu diferite sosuri

Face 4 până la 6 porții

Sparanghelul fiert este minunat servit la temperatura camerei cu diverse sosuri. Sunt ideale pentru o cină deoarece pot fi pregătite din timp. Nu contează dacă sunt groși sau subțiri, dar încercați să obțineți sparanghel care să aibă aproximativ aceeași dimensiune, astfel încât să se gătească uniform.

maioneză cu ulei de măsline, maioneza portocale, fieSos verde

1 kilogram de sparanghel

Sare

1. Pregătiți sosul sau sosurile dacă este necesar. Apoi tăiați partea de jos a sparanghelului în punctul în care tulpina se schimbă de la alb la verde.

dezgheț. Aduceți aproximativ 2 inci de apă la fiert într-o tigaie mare. Adăugați sparanghel și sare după gust. Gatiti pana cand sparanghelul se indoaie usor cand este ridicat de pe tulpina, 4 pana la 8 minute. Timpul de gătire va depinde de grosimea sparanghelului.

3.Scoatem sparanghelul cu penseta. Scurge-le pe hartie de bucatarie si usuca-le. Serviți sparanghelul la temperatura camerei cu unul sau mai multe sosuri.

Sparanghel cu dressing de capere și ou

Sparanghel cu Caperi si Uove

Face 4 până la 6 porții

În Trentino-Alto Adige și Veneto, sparanghelul alb gros este un ritual de primăvară. Sunt prajite si fierte, adaugate in risotto, supe si salate. Un sos de ouă este un condiment tipic, ca acesta cu suc de lămâie, pătrunjel și capere.

1 kilogram de sparanghel

Sare

1 1/4 cană ulei de măsline

1 lingurita suc proaspat de lamaie

piper proaspăt măcinat

1 ou fiert tare cuburi

2 linguri patrunjel proaspat tocat

1 lingură capere, clătite și scurse

1. Tăiați fundul sparanghelului în punctul în care tulpina se schimbă de la alb la verde. Aduceți aproximativ 2 inci de apă la fiert într-o tigaie mare. Adăugați sparanghel și sare după gust. Gatiti pana cand sparanghelul se indoaie usor cand este ridicat de pe tulpina, 4 pana la 8 minute. Timpul de gătire va depinde de grosimea sparanghelului. Scoatem sparanghelul cu penseta. Scurge-le pe hartie de bucatarie si usuca-le.

dezgheț. Într-un castron mic, amestecați uleiul, sucul de lămâie și un praf de sare și piper. Se adauga ouale, patrunjelul si caperele.

3. Asezam sparanghelul intr-un vas de servire si turnam sosul peste. Serviți imediat.

Sparanghel cu parmezan și unt

Sparanghel alla Parmigiana

Face 4 până la 6 porții

Acesta este uneori numit sparanghel alla Milanese (sparagus în stil milanez), deși este consumat în multe regiuni diferite. Daca gasesti sparanghel alb, acestea sunt deosebit de potrivite pentru acest tratament.

1 kilogram de sparanghel gros

Sare

2 linguri de unt nesarat

piper negru proaspăt măcinat

1/2 cană Parmigiano-Reggiano ras

1. Tăiați fundul sparanghelului în punctul în care tulpina se schimbă de la alb la verde. Aduceți aproximativ 2 inci de apă la fiert într-o tigaie mare. Adăugați sparanghel și sare după gust. Gatiti pana cand sparanghelul se indoaie usor cand este ridicat de pe tulpina, 4 pana la 8 minute. Timpul de gătire va

depinde de grosimea sparanghelului. Scoatem sparanghelul cu penseta. Scurge-le pe hartie de bucatarie si usuca-le.

dezgheț.Așezați un grătar în centrul cuptorului. Preîncălziți cuptorul la 450 ° F. Ungeți un vas mare rezistent la cuptor.

3.Aranjați sparanghelul unul lângă altul într-o tavă de copt, ușor suprapus. Stropiți cu unt și stropiți cu piper și brânză.

Patru. Coaceți 15 minute sau până când brânza este topită și aurie. Serviți imediat.

Ambalaje cu sparanghel și prosciutto

Fagottini di Asparagi

Face 4 portii

Pentru un fel de mâncare mai consistent, uneori acoperez fiecare pachet cu felii de Fontina Valle d'Aosta, mozzarella sau altă brânză care se topește bine.

1 kilogram de sparanghel

Sare si piper proaspat macinat

4 felii de prosciutto italian de import

2 linguri de unt

1/4 cană Parmigiano-Reggiano ras

1. Tăiați fundul sparanghelului în punctul în care tulpina se schimbă de la alb la verde. Aduceți aproximativ 2 inci de apă la fiert într-o tigaie mare. Adăugați sparanghel și sare după gust. Gatiti pana cand sparanghelul se indoaie usor cand este ridicat de pe tulpina, 4 pana la 8 minute. Timpul de gătire va

depinde de grosimea sparanghelului. Scoatem sparanghelul cu penseta. Se scurge pe prosoape de hârtie și se usucă.

dezgheț.Așezați un grătar în centrul cuptorului. Preîncălziți cuptorul la 350 ° F. Ungeți un vas mare rezistent la cuptor.

3.Topiți untul într-o tigaie mare. Se adauga sparanghelul si se presara cu sare si piper. Întoarceți cu grijă sparanghelul în unt cu două spatule, astfel încât să se acopere bine.

Patru.Împărțiți sparanghelul în 4 grupe. Așezati fiecare grup în centrul unei felii de șuncă Serrano. Înfășurați sparanghelul cu capetele șuncii serrano. Pune pachetele într-o tavă de cuptor. Se presară cu parmigiano.

5.Coaceți sparanghelul timp de 15 minute sau până când brânza se topește și formează o crustă. Se serveste fierbinte.

sparanghel prajit

Sparanghel al Forno

Face 4 până la 6 porții

Prăjirea rumenește sparanghelul și îi scoate în evidență dulceața naturală. Sunt perfecte pentru grătarul cărnii. Puteți scoate carnea fiartă din cuptor și coace sparanghelul cât se odihnește. Folosiți sparanghel gros pentru această rețetă.

1 kilogram de sparanghel

1 1/4 cană ulei de măsline

Sare

1. Așezați un grătar în centrul cuptorului. Preîncălziți cuptorul la 450 ° F. Tăiați partea de jos a sparanghelului în punctul în care tulpina devine din albă la verde.

dezgheț. Aranjați sparanghelul pe o foaie de copt suficient de mare pentru a le ține într-un singur strat. Stropiți cu ulei și sare. Rulați sparanghelul dintr-o parte în alta pentru a le unge cu ulei.

3. Coaceți 8 până la 10 minute sau până când sparanghelul este fraged.

Sparanghel în Zabaglione

Sparanghel allo Zabaione

Face 6 portii

Zabaglione este o cremă aerisită de ouă care se serveşte de obicei îndulcită la desert. In acest caz, ouale se bat cu vin alb si fara zahar si se servesc peste sparanghel. Acest lucru face un prim fel elegant pentru o masă de primăvară. Curăţarea sparanghelului este opţională, dar asigură că sparanghelul este fraged de la vârf la tulpină.

1 1/2 lire sparanghel

2 galbenusuri mari

1 1/4 cană vin alb sec

Vârf de cuțit de sare

1 lingura unt nesarat

1. Tăiați fundul sparanghelului în punctul în care tulpina se schimbă de la alb la verde. Pentru a curăța sparanghelul,

începeți de sub vârf și îndepărtați pielea verde închis până la capătul tulpinii cu un decojitor rotativ.

dezgheț. Aduceți aproximativ 2 inci de apă la fiert într-o tigaie mare. Adăugați sparanghel și sare după gust. Gatiti pana cand sparanghelul se indoaie usor cand este ridicat de pe tulpina, 4 pana la 8 minute. Timpul de gătire va depinde de grosimea sparanghelului. Scoatem sparanghelul cu penseta. Se scurge pe prosoape de hârtie și se usucă.

3.Aduceți aproximativ un centimetru de apă la fiert în jumătatea inferioară a unei oale sau a unui cazan. Puneți gălbenușurile, vinul și sarea deasupra bain-marie sau într-un recipient termorezistent care se potrivește perfect peste tigaie fără a atinge apa.

Patru. Bateți amestecul de ouă până se combină, apoi puneți tigaia sau vasul peste apa clocotită. Bateți cu un mixer electric de mână sau cu un tel până când amestecul devine palid la culoare și menține o formă netedă când bătăile sunt ridicate, cca. 5 minute. Se bate untul până se combină.

5.Turnați sosul iute peste sparanghel și serviți imediat.

Sparanghel cu Taleggio si nuci de pin

Sparanghel cu Taleggio și Pinoli

Face 6 până la 8 porții

Nu departe de Peck's, faimoasa gastronomie din Milano (magazin de produse alimentare gourmet), se află Trattoria Milanese. Este un loc grozav pentru a încerca mâncăruri simple, clasice lombarde, cum ar fi acest sparanghel acoperit cu taleggio, o brânză aromată, semi-moale, untoasă din lapte de vacă, care este făcută local și este una dintre cele mai bune brânzeturi din Italia. Fontina sau Bel Paese pot fi înlocuite dacă taleggio nu este disponibil.

2 kilograme de sparanghel

Sare

2 linguri de unt nesarat, topit

6 uncii taleggio, Fontina Valle d'Aosta sau Bel Paese, tăiate în bucăți mici

1/4 cană nuci de pin tocate sau migdale feliate

1 lingură pesmet

1. Așezați un grătar în centrul cuptorului. Preîncălziți cuptorul la 450 ° F. Ungeți o tavă de copt de 13 × 9 × 2 inci.

dezgheț.Tăiați fundul sparanghelului în punctul în care tulpina se schimbă de la alb la verde. Pentru a curăța sparanghelul, începeți de sub vârf și îndepărtați pielea verde închis până la capătul tulpinii cu un decojitor rotativ.

3. Aduceți aproximativ 2 inci de apă la fiert într-o tigaie mare. Adăugați sparanghel și sare după gust. Gatiti pana cand sparanghelul se indoaie usor cand este ridicat de pe tulpina, 4 pana la 8 minute. Timpul de gătire va depinde de grosimea sparanghelului. Scoatem sparanghelul cu penseta. Scurge-le pe hartie de bucatarie si usuca-le.

Patru.Așezați sparanghelul în tava de cuptor. Stropiți cu unt. Întindeți brânza peste sparanghel. Se presara cu nuca si pesmet.

5. Coaceți până când brânza se topește și nucile pecan sunt aurii, aproximativ 15 minute. Se serveste fierbinte.

timbal de sparanghel

Sformatini di Asparagi

Face 6 portii

Cremele mătăsoase ca acestea sunt un preparat de modă veche, dar unul care rămâne popular în multe restaurante italiene, în mare parte pentru că este atât de delicios. Aproape orice legumă poate fi făcută în acest fel, iar aceste mici rame sunt grozave pentru o garnitură vegetariană, un aperitiv sau un fel principal. Sformatinii, literalmente „lucruri nemultate", pot fi serviți simpli, acoperiți cu sos de roșii sau brânză, sau înconjurați de legume sote în unt.

1 canăSos bechamel

1 1/2 kg sparanghel, tocat

3 ouă mari

1/4 cană Parmigiano-Reggiano ras

Sare și piper negru proaspăt măcinat

1. Pregătiți bechamel dacă este necesar. Aduceți aproximativ 2 inci de apă la fiert într-o tigaie mare. Adăugați sparanghel și sare după gust. Gatiti pana cand sparanghelul se indoaie usor cand este ridicat de pe tulpina, 4 pana la 8 minute. Timpul de gătire va depinde de grosimea sparanghelului. Scoatem sparanghelul cu penseta. Scurge-le pe hartie de bucatarie si usuca-le. Tăiați și rezervați 6 capete.

dezgheț. Pune sparanghelul intr-un robot de bucatarie si ruleaza-le pana devin netede. Se amestecă ou, bechamel, brânză, 1 linguriță de sare și piper după gust.

3. Așezați un grătar în centrul cuptorului. Preîncălziți cuptorul la 350 ° F. Ungeți generos șase căni de cremă sau ramekine de 6 uncii. Turnați amestecul de sparanghel în căni. Puneți ceștile într-o tigaie mare și turnați apă clocotită în tigaie la jumătatea părților laterale ale ceștilor.

Patru. Coaceți 50 până la 60 de minute sau până când un cuțit introdus în centru iese curat. Scoateți ramekinele din tigaie și treceți un cuțit mic pe margine. Întoarceți ramekinele pe farfurii de servire. Acoperiți cu vârfurile de sparanghel rezervate și serviți cald.

Fasole în stil rustic

Fagioli alla Paesana

Face aproximativ 6 căni de fasole, pentru 10 până la 12 porții

Aceasta este o metodă de bază de gătit pentru toate tipurile de fasole. Fasolea înmuiată poate fermenta dacă stau la temperatura camerei, așa că le-am pus la frigider. Odată fiert, se servește ca atare cu un strop de ulei de măsline extravirgin, sau se adaugă în supe sau salate.

1 kilogram de afine, cannellini sau alte fasole uscate

1 morcov, feliat

1 tulpină de țelină cu frunze

1 ceapă

2 catei de usturoi

2 linguri ulei de masline

Sare

1. Clătiți fasolea și ridicați-le pentru a îndepărta fasolea ruptă sau pietrele mici.

dezgheț. Așezați fasolea într-un castron mare cu apă rece pentru a o acoperi cu 2 inci. Dați la frigider 4 ore până peste noapte.

3. Scurgeți fasolea și puneți-le într-o oală mare cu apă rece pentru a se acoperi cu 1 inch. Aduceți apa la fiert la foc mediu. Reduceți căldura la mic și îndepărtați spuma care se ridică până la vârf. Când spuma nu mai crește, adăugați legumele și uleiul de măsline.

Patru. Acoperiți oala și fierbeți 11/2 până la 2 ore, adăugând mai multă apă dacă este necesar, până când fasolea este foarte fragedă și cremoasă. Adăugați sare după gust și lăsați timp de aproximativ 10 minute. Aruncați legumele. Se serveste cald sau la temperatura camerei.

Fasole toscană

Fagioli Stufati

Face 6 portii

Toscanii sunt maeștrii bucătăriei cu fasole. Se fierb leguminoase uscate cu ierburi într-un lichid care abia clocotește. Gătirea lungă și lentă produce fasole fragedă, cremoasă, care își păstrează forma în timp ce se gătesc.

Gustați întotdeauna mai multe fasole pentru a determina dacă sunt gătite, deoarece nu toate se vor găti în același timp. Am lăsat fasolea să stea puțin pe aragaz după gătire pentru a mă asigura că sunt gătite. Sunt bune cand sunt calde si se reincalzesc perfect.

Fasolea este grozavă ca garnitură sau în supe, sau încercați-le pe pâine italiană prăjită caldă, frecată cu usturoi și stropită cu ulei.

8 uncii cannellini uscate, merișoare sau alte fasole

1 cățel mare de usturoi, ușor tocat

6 frunze de salvie proaspătă sau o crenguță mică de rozmarin sau 3 crenguțe de cimbru proaspăt

Sare

Ulei de măsline extra virgin

piper negru proaspăt măcinat

1.Clătiți fasolea și ridicați-le pentru a îndepărta fasolea ruptă sau pietrele mici. Așezați fasolea într-un castron mare cu apă rece pentru a o acoperi cu 2 inci. Dați la frigider 4 ore până peste noapte.

dezgheț. Preîncălziți cuptorul la 300 ° F. Scurgeți fasolea și puneți-le într-un cuptor olandez sau într-o altă oală adâncă, grea, cu un capac etanș. Adăugați apă proaspătă pentru a acoperi cu 1 inch. Adăugați usturoiul și salvie. Se aduce la fierbere la foc mic.

3.Acoperiți tava și puneți-o pe grătarul din mijloc al cuptorului. Gatiti pana fasolea este foarte frageda, aproximativ 1 ora si 15 minute sau mai mult, in functie de tipul si varsta fasolei. Verificați din când în când pentru a vedea dacă este nevoie de mai multă apă pentru a menține fasolea acoperită. Unele fasole pot necesita încă 30 de minute de timp de gătire.

Patru. Încearcă fasolea. Cand sunt complet fragezi, adauga sare dupa gust. Lasam fasolea sa se odihneasca 10 minute. Se serveste fierbinte cu un strop de ulei de masline si un praf de piper negru.

salata de fasole

Insalata di Fagioli

Face 4 portii

Condimentarea fasolei în timp ce este fierbinte îi ajută să absoarbă aromele.

2 linguri ulei de masline extravirgin

2 linguri suc proaspăt de lămâie

Sare și piper negru proaspăt măcinat

2 căni de fasole fierbinte fierbinte sau conservată, cum ar fi fasole cannellini sau merișoare

1 ardei galben taiat cubulete

1 cană de roșii cherry, tăiate în jumătate sau în sferturi

2 cepe verzi, tăiate în bucăți de 1/2 inch

1 legatura de rucola, tocata

1. Într-un castron mediu, amestecați uleiul, sucul de lămâie și sare și piper, după gust. Scurgeți fasolea și adăugați-le la dressing. Se amestecă bine. Lăsați timp de 30 de minute.

dezgheț. Adăugați ardeii, roșiile și ceapa și amestecați. Gustați și ajustați condimentele.

3.Aranjați rucola într-un bol și acoperiți cu salata. Serviți imediat.

Fasole și varză

Fagioli și Cavolo

Face 6 portii

Serviți-l ca prim fel în loc de paste sau supă, sau ca garnitură pentru friptura de porc sau pui.

2 uncii pancetta (4 felii groase), tăiate în fâșii de 1/2 inch

2 linguri ulei de masline

1 ceapa mica, tocata

2 catei mari de usturoi

1/4 linguriță de ardei roșu măcinat

4 căni de varză mărunțită

1 cana rosii proaspete sau conservate tocate

Sare

3 cani de fasole cannellini sau afine fierte sau conservate, scurse

1. Într-o tigaie mare, gătiți pancetta în ulei de măsline timp de 5 minute. Adăugați ceapa, usturoiul și ardeiul și gătiți până ce ceapa este moale, aproximativ 10 minute.

dezgheț. Se adauga varza, rosiile si sare dupa gust. Reduceți focul la mic și acoperiți tigaia. Gatiti 20 de minute sau pana cand varza este frageda. Adăugați fasolea și gătiți încă 5 minute. Se serveste fierbinte.

Fasole in sos de rosii si salvie

Fagioli all'Uccelletto

Face 8 portii

Aceste fasole toscane sunt gătite în același mod ca și păsările vânat cu salvie și roșii, de unde și numele lor italian.

1 kg cannellini uscate sau fasole Great Northern, clătite și scurse

Sare

2 crengute de salvie proaspata

3 catei mari de usturoi

1 1/4 cană ulei de măsline

3 roșii mari, curățate, fără semințe și tăiate marunt sau 2 căni de roșii conservate

1. Așezați fasolea într-un castron mare cu apă rece pentru a o acoperi cu 2 inci. Pune-le la frigider la macerat timp de 4 ore până peste noapte.

dezgheț. Scurgeți fasolea și puneți-le într-o oală mare cu apă rece pentru a se acoperi cu 1 inch. Aduceți lichidul la fierbere. Acoperiți și gătiți până când fasolea este fragedă, 11/2 până la 2 ore. Se adauga sare dupa gust si se lasa 10 minute.

3. Într-o oală mare, fierbeți salvia și usturoiul în ulei la foc mediu și aplatizați usturoiul cu dosul unei linguri până când usturoiul devine maro auriu, aproximativ 5 minute. Adăugați roșiile.

Patru. Scurgeți fasolea, rezervând lichidul. Adăugați fasolea în sos. Gatiti 10 minute, adaugand putin din lichidul rezervat daca fasolea se usuca. Se serveste cald sau la temperatura camerei.

caserolă cu năut

Cecil în Zimino

Face 4 până la 6 porții

Această tocană consistentă este bună de la sine, sau puteți adăuga niște paste fierte sau orez și apă sau bulion pentru a face o supă.

1 ceapa medie, tocata

1 catel de usturoi, tocat marunt

4 linguri ulei de masline

1 kilogram de smog sau spanac, tăiate și tocate

Sare și piper negru proaspăt măcinat

3 1/2 cani de naut fiert sau la conserva, scurs

Ulei de măsline extra virgin

1. Într-o cratiță medie, prăjiți ceapa și usturoiul în ulei la foc mediu până se rumenesc, 10 minute. Adăugați smog și sare după gust. Acoperiți și gătiți timp de 15 minute.

dezgheț. Adăugați năutul cu puțin din lichidul de gătit sau apă și sare și piper după gust. Acoperiți și gătiți încă 30 de minute. Se amestecă din când în când și se zdrobește o parte din năut cu dosul unei linguri. Adăugați puțin lichid dacă amestecul devine prea uscat.

3.Se lasa putin sa se raceasca inainte de servire. Stropiți cu puțin ulei de măsline extravirgin dacă doriți

Fasole cu legume amare

Favorit și Cicoria

Face 4 până la 6 porții

Fasolea uscată are un gust pământesc și ușor amar. Când le cumpărați, căutați soiul decojit. Sunt puțin mai scumpe, dar merită pentru a evita calusurile. De asemenea, se gătesc mai repede decât fasolea cu coajă. Puteți găsi fasole uscate și decojite la piețele etnice și cele care sunt specializate în alimente naturale.

Aceasta reteta este din Puglia, unde practic este mancarea nationala. Se poate folosi orice fel de verde amar, precum radicchio, broccoli rabe, napi sau papadie. Îmi place să adaug un praf de ardei roșu măcinat legumelor în timp ce se gătesc, dar nu este tradițional.

8 uncii de fasole uscată, decojită, clătită și scursă

1 cartof fiert mediu, decojit și tăiat în bucăți de 1 inch

Sare

1 kg de radicchio sau verdeață de păpădie, tăiate

1 1/4 cană ulei de măsline extravirgin

1 catel de usturoi, tocat marunt

praf de ardei rosu macinat

1. Puneți fasolea și cartofii într-o oală mare. Adăugați apă rece pentru a acoperi cu 1/2 inch. Aduceți la fiert și gătiți până când fasolea este foarte moale și se destramă și toată apa a fost absorbită.

dezgheț. Adăugați sare după gust. Se zdrobește fasolea cu dosul unei linguri sau al unui zdrobitor de cartofi. Adăugați uleiul.

3. Aduceți o oală mare cu apă la fiert. Adăugați legumele și sare după gust. Gatiti pana se inmoaie, in functie de varietatea legumelor, 5 pana la 10 minute. Scurgeți bine.

Patru. Uscați tigaia. Adăugați ulei, usturoi și ardei roșu măcinat. Gatiti la foc mediu pana usturoiul devine maro auriu, aproximativ 2 minute. Se adauga legumele scurse si sare dupa gust. Amesteca bine.

5. Întindeți piureul într-un vas de servire. Pune legumele deasupra. Pulverizați cu mai mult ulei dacă doriți. Se servește fierbinte sau cald.

Fasole proaspata, stil roman

Fave alla Romana

Face 4 portii

Fasolea proaspătă în păstăile lor este o legumă importantă de primăvară în centrul și sudul Italiei. Romanilor le place să le scoată din coajă și să le mănânce crude ca acompaniament de pecorino tânăr. Fasolea este, de asemenea, înăbușită împreună cu alte legume de primăvară, cum ar fi mazărea și anghinarea.

Dacă boabele sunt foarte tinere și fragede, nu este necesar să curățați coaja subțire care acoperă fiecare bob. Încearcă să mănânci unul cu pielea și unul fără pentru a determina dacă sunt fragede.

Gustul și textura fasolei proaspete sunt complet diferite de fasolea uscată, așa că nu înlocuiți una cu alta. Dacă nu găsiți fasole proaspătă, căutați fasole congelată vândută în multe piețe italiene și din Orientul Mijlociu. Fasolea de lima proaspătă sau congelată funcționează bine și în acest fel de mâncare.

1 ceapa mica, tocata marunt

4 uncii pancetta, tăiată cubulețe

2 linguri ulei de masline

4 kilograme de fasole lima proaspătă, decojită (aproximativ 3 căni)

Sare și piper negru proaspăt măcinat

1 1/4 cană apă

1. Într-o tigaie medie, gătiți ceapa și pancetta în ulei de măsline la foc mediu timp de 10 minute sau până se rumenesc.

dezgheț. Se adauga fasolea si sare si piper dupa gust. Se adauga apa si se reduce focul. Acoperiți tigaia și gătiți timp de 5 minute sau până când fasolea este aproape fragedă.

3. Descoperiți tigaia și gătiți până când fasolea și pancetta se rumenesc ușor, aproximativ 5 minute. Se serveste fierbinte.

Fasole proaspătă, stil umbrian

Scafata

Face 6 portii

Păstăile de fasole trebuie să fie ferme și crocante, nu zbârcite sau moale, ceea ce indică că sunt prea vechi. Cu cât păstăia este mai mică, cu atât boabele sunt mai fragede. Figura 1 kilogram de fasole proaspătă în păstăi per 1 cană fasole decojită.

2 1/2 kilograme de fasole de lima proaspătă, decojită sau 2 căni de fasole de lima congelată

1 liră de bietole, tăiate și tăiate în fâșii de 1/2 inch

1 ceapa tocata

1 morcov mediu, tocat

1 coastă de țelină tocată

1 1/4 cană ulei de măsline

1 lingurita de sare

piper negru proaspăt măcinat

1 rosie medie coapta, curatata de coaja, fara samburi si tocata marunt

1. Combinați toate ingredientele, cu excepția roșiilor, într-o cratiță medie. Acoperiți și fierbeți, amestecând din când în când, timp de 15 minute sau până când fasolea este fragedă. Adăugați puțină apă dacă legumele încep să se lipească.

dezgheț. Adăugați roșia și gătiți timp de 5 minute. Se serveste fierbinte.

Broccoli cu ulei si lamaie

Agro Broccoli

Face 6 portii

Acesta este modul de bază de a servi multe tipuri de legume gătite în sudul Italiei. Se servesc mereu la temperatura camerei.

1 1/2 kilograme de broccoli

Sare

1 1/4 cană ulei de măsline extravirgin

1 până la 2 linguri de suc proaspăt de lămâie

Felii de lamaie, pentru decor

1. Tăiați broccoli în buchețe mari. Tăiați capetele tulpinilor. Îndepărtați pielea tare cu un curățător rotativ pentru legume. Tăiați tulpini groase în cruce în felii de 1/4 inch.

dezgheț. Aduceți o oală mare cu apă la fiert. Adăugați broccoli și sare după gust. Gătiți până când broccoli este fraged, 5 până la 7 minute. Scurgeți și răciți ușor sub jet de apă rece.

3. Stropiți broccoli cu ulei și suc de lămâie. Se ornează cu felii de lămâie. Se serveste la temperatura camerei.

Broccoli, stil Parma

Broccoli alla Parmigiana

Face 4 portii

Pentru o schimbare, puteți face acest fel de mâncare cu o combinație de conopidă și broccoli.

1 1/2 kilograme de broccoli

Sare

3 linguri de unt nesarat

piper negru proaspăt măcinat

1/2 cană Parmigiano-Reggiano ras

1. Tăiați broccoli în buchețe mari. Tăiați capetele tulpinilor. Îndepărtați pielea tare cu un curățător rotativ pentru legume. Tăiați tulpini groase în cruce în felii de 1/4 inch.

dezgheț. Aduceți o oală mare cu apă la fiert. Adăugați broccoli și sare după gust. Gătiți până când broccoli este parțial gătit, aproximativ 5 minute. Scurgeți și răciți cu apă rece.

3. Așezați un grătar în centrul cuptorului. Preîncălziți cuptorul la 375 ° F. Ungeți o tavă suficient de mare pentru a ține broccoli.

Patru. Aranjați frigaruile în vasul pregătit, suprapunându-le ușor. Stropiți cu unt și stropiți cu piper. Presărați brânză deasupra.

5. Coaceți 10 minute sau până când brânza se topește și se rumenește ușor. Se serveste fierbinte.

Broccoli rabe cu usturoi și ardei iute

Cime di monkfish cu Peperoncino

Face 4 portii

Nu este cu mult mai bună decât această rețetă când vine vorba de degustarea de broccoli rabe. Acest fel de mâncare poate fi făcut și cu broccoli sau conopidă. Unele versiuni includ niște hamsii sotate în usturoi și ulei sau încercați să adăugați o mână de măsline pentru o aromă savuroasă. Acesta este, de asemenea, un topping bun pentru paste.

1 1/2 livre broccoli rabe

Sare

3 linguri ulei de masline

2 catei mari de usturoi, feliati subtiri

praf de ardei rosu macinat

1. Împărțiți broccoli rabe în buchețele. Tăiați baza tulpinilor. Decojirea tulpinilor este opțională. Tăiați fiecare floare în cruce în 2 sau 3 bucăți.

dezgheț. Aduceți o oală mare cu apă la fiert. Adăugați broccoli rabe și sare după gust. Gatiti pana cand broccoli este aproape fraged, aproximativ 5 minute. A se scurge.

3. Uscați tigaia și adăugați ulei, usturoi și ardei roșu. Gatiti la foc mediu pana usturoiul se rumeneste usor, aproximativ 2 minute. Adăugați broccoli și un praf de sare. Se amestecă bine. Acoperiți și gătiți până se înmoaie, încă 3 minute. Se serveste cald sau la temperatura camerei.

Broccoli cu prosciutto

Broccoli fiert

Face 4 portii

Broccoli din această rețetă este gătit până când este suficient de moale pentru a fi pasat cu o furculiță. Serviți ca garnitură sau întindeți pe pâine italiană prăjită pentru crostini.

1 1/2 kilograme de broccoli

Sare

1 1/4 cană ulei de măsline

1 ceapa medie, tocata

1 catel de usturoi, tocat marunt

4 felii subțiri de prosciutto italian de import, tăiate în cruce în fâșii subțiri

1. Tăiați broccoli în buchețe mari. Tăiați capetele tulpinilor. Îndepărtați pielea tare cu un curățător rotativ pentru legume. Tăiați tulpini groase în cruce în felii de 1/4 inch.

dezgheț. Aduceți o oală mare cu apă la fiert. Adăugați broccoli și sare după gust. Gătiți până când broccoli este parțial gătit, aproximativ 5 minute. Scurgeți și răciți cu apă rece.

3. Uscați tigaia și adăugați ulei, ceapa și usturoi. Gatiti la foc mediu pana devine maro auriu, aproximativ 10 minute. Adăugați broccoli. Acoperiți și reduceți căldura la minim. Gatiti pana cand broccoli este fraged, aproximativ 15 minute.

Patru. Pasați broccoli cu un zdrobitor de cartofi sau cu o furculiță. Adăugați prosciutto. Se asezoneaza dupa gust cu sare si piper. Se serveste fierbinte.

Mușcături de Pâine cu Broccoli Rabe

Morsi cu Cime di Rape

Face 4 portii

O minestra poate fi o supa groasa facuta cu paste sau orez, sau un preparat consistent de legume, ca acesta din Puglia, care include cuburi de paine. Deși probabil inventat de o gospodină gospodină cu pâine rămasă și multe guri de umplut, este suficient de gustos ca aperitiv sau ca garnitură pentru coaste sau cotlete de porc.

1 1/2 livre broccoli rabe

3 catei de usturoi, feliati subtiri

praf de ardei rosu macinat

1/3 cană ulei de măsline

4 până la 6 felii (1/2 inch grosime) pâine italiană sau franceză, tăiate în bucăți mici

1. Împărțiți broccoli rabe în buchețele. Tăiați baza tulpinilor. Decojirea tulpinilor este opțională. Tăiați fiecare floare în cruce în bucăți de 1 inch.

dezgheț. Aduceți o oală mare cu apă la fiert. Adăugați broccoli rabe și sare după gust. Gatiti pana cand broccoli este aproape fraged, aproximativ 5 minute. A se scurge.

3. Într-o tigaie mare, fierbeți usturoiul și ardeiul roșu în ulei timp de 1 minut. Adăugați cuburi de pâine și gătiți, amestecând des, până când pâinea este ușor prăjită, aproximativ 3 minute.

Patru. Adăugați broccoli rabe și un praf de sare. Gatiti, amestecand, inca 5 minute. Se serveste fierbinte.

Broccoli rabe cu bacon si rosii

Cime di Rape al Pomodori

Face 4 portii

În această rețetă, aromele de carne de pancetta, ceapă și roșii completează aroma îndrăzneață a broccoli rabe. Acesta este încă unul dintre acele feluri de mâncare care ar fi grozav de amestecat cu niște paste fierbinți fierbinți.

1 1/2 livre broccoli rabe

Sare

2 linguri ulei de masline

2 felii groase de bacon, tocate

1 ceapa medie, tocata

praf de ardei rosu macinat

1 cană de roșii din conserva măruntite

2 linguri de vin alb uscat sau apă

1. Împărțiți broccoli rabe în buchețele. Tăiați baza tulpinilor. Decojirea tulpinilor este opțională. Tăiați fiecare floare în cruce în bucăți de 1 inch.

dezgheț. Aduceți o oală mare cu apă la fiert. Adăugați broccoli rabe și sare după gust. Gatiti pana cand broccoli este aproape fraged, aproximativ 5 minute. A se scurge.

3. Se toarnă uleiul într-o tigaie mare. Adăugați pancetta, ceapa și ardeiul roșu și gătiți la foc mediu până când ceapa devine translucidă, aproximativ 5 minute. Adăugați roșiile, vinul și un praf de sare. Gatiti inca 10 minute sau pana se ingroasa.

Patru. Adăugați broccoli rabe și gătiți până se încălzește, aproximativ 2 minute. Se serveste fierbinte.

Prajituri mici de legume

Frittelle di Erbe di Campo

Face 8 portii

În Sicilia, aceste mici clătite de legume sunt făcute cu legume sălbatice amare. Puteți folosi broccoli rabe, verdeață de muștar, borage sau radicchio. Aceste prăjituri mici sunt consumate în mod tradițional în timpul Paștelui ca aperitiv sau garnitură. Sunt fie calde, fie la temperatura camerei.

1 1/2 livre broccoli rabe

Sare

4 ouă mari

2 linguri caciocavallo ras sau Pecorino Romano

Sare și piper negru proaspăt măcinat

2 linguri ulei de masline

1. Împărțiți broccoli rabe în buchețele. Tăiați baza tulpinilor. Decojirea tulpinilor este opțională. Tăiați fiecare floare în cruce în bucăți de 1 inch.

dezgheț. Aduceți o oală mare cu apă la fiert. Adăugați broccoli rabe și sare după gust. Gatiti pana cand broccoli este aproape fraged, aproximativ 5 minute. A se scurge. Se lasa sa se raceasca putin, apoi se stoarce apa. Tocați broccoli rabe.

3. Într-un castron mare, bateți ouăle, brânza și sare și piper după gust. Adăugați legumele.

Patru. Încinge uleiul într-o cratiță mare la foc mediu. Scoateți o lingură adâncă din amestec și puneți-o în tigaie. Aplatizați amestecul cu o lingură într-o clătită mică. Repetați cu amestecul rămas. Prăjiți o parte a prăjiturii până se rumenesc ușor, aproximativ 2 minute, apoi întoarceți-le cu o spatulă și prăjiți cealaltă parte până se rumenesc ușor și sunt fierte. Se serveste cald sau la temperatura camerei.

conopida prajita

Cavolfiore Frites

Face 4 portii

Încercați să serviți conopida preparată în acest fel unei persoane cărora în mod normal nu îi place această legumă versatilă și sigur veți converti. Învelișul cu aromă crocantă de brânză oferă un contrast fantastic cu conopida fragedă. Acestea pot fi trecute ca aperitive de petrecere sau servite ca garnitură la cotlete la grătar. Pentru cea mai bună consistență, serviți imediat după gătire.

1 conopidă mică (aproximativ 1 kilogram)

Sare

1 cană pesmet uscat

3 ouă mari

1/2 cană Parmigiano-Reggiano ras

piper negru proaspăt măcinat

Ulei vegetal

Felii de lamaie

1.Tăiați conopida în buchețe de 2 inci. Tăiați capetele tulpinilor. Tăiați tulpini groase în cruce în felii de 1/4 inch.

dezgheț. Aduceți o oală mare cu apă la fiert. Adăugați conopida și sare după gust. Gatiti pana conopida este aproape frageda, aproximativ 5 minute. Scurgeți și răciți cu apă rece.

3.Pune pesmetul într-un vas puțin adânc. Într-un castron mic, bateți ouăle, brânza și sare și piper după gust. Înmuiați bucățile de conopidă în ou, apoi rulați-le în pesmet. Se lasă să se usuce pe un grătar timp de 15 minute.

Patru. Turnați ulei într-o tigaie mare și adâncă până la o adâncime de 1/2 inch. Se încălzeşte la foc mediu până când o parte din amestecul de ouă căzute în tigaie sfârâie şi ajunge la un fierbere rapid. Între timp, tapetați o tavă cu un prosop de hârtie.

5.Puneți în tavă doar suficiente bucăți de conopidă pentru a se potrivi confortabil, fără a le atinge. Prăjiți bucățile, întorcându-le cu cleștele, până devin aurii și crocante, aproximativ 6 minute. Scurgeți conopida pe hârtie de bucătărie. Repetați cu conopida rămasă.

6.Serviți conopida caldă, cu felii de lămâie.

Piure de conopida

Purèa di Cavolfiore

Face 4 portii

Deși este similar cu piureul de cartofi obișnuit, acest piure de cartofi și conopida este mult mai ușor și mai aromat. Este o schimbare plăcută față de piureul de cartofi și poate fi servit chiar și cu o tocană consistentă, de ex.Pulpă de vițel înăbușită.

1 conopidă mică (aproximativ 1 kilogram)

3 cartofi fierți medii, curățați și tăiați în sferturi

Sare

1 lingura unt nesarat

2 linguri Parmigiano-Reggiano ras

piper negru proaspăt măcinat

1.Tăiați conopida în buchețe de 2 inci. Tăiați capetele tulpinilor. Tăiați tulpini groase în cruce în felii de 1/4 inch.

dezgheț. Într-o oală suficient de mare încât să țină toate legumele, combinați cartofii cu 3 litri de apă rece și sare după gust. Se aduce la fierbere și se fierbe timp de 5 minute.

3. Adăugați conopida și gătiți până când legumele sunt foarte fragede, aproximativ 10 minute. Scurgeți conopida și cartofii. Mixați până la omogenizare cu un mixer electric sau manual. Nu-i bate prea mult sau cartofii se vor lipi.

Patru. Adaugati untul, branza, sare si piper dupa gust. Se serveste fierbinte.

conopida prăjită

Cavolfiore al Forno

Face 4 până la 6 porții

Conopida trece de la moale la delicioasă când este prăjită până se rumenește ușor. Pentru schimbare, amestecați conopida fiartă cu puțin oțet balsamic.

1 conopidă medie (aproximativ 1 1/2 lire sterline)

1 1/4 cană ulei de măsline

Sare și piper negru proaspăt măcinat

1. Tăiați conopida în buchețe de 2 inci. Tăiați capetele tulpinilor. Tăiați tulpini groase în cruce în felii de 1/4 inch.

   dezgheț. Așezați un grătar în centrul cuptorului. Preîncălziți cuptorul la 350 ° F. Întindeți conopida într-o tavă suficient de mare pentru a o ține într-un singur strat. Se amestecă cu ulei și un praf bun de sare și piper.

3. Coaceți, amestecând ocazional, timp de 45 de minute sau până când conopida este fragedă și ușor rumenită. Se serveste fierbinte.

conopida înecată

Cavolfiore Stufato

Face 4 până la 6 porții

Unii oameni spun că conopida este moale, dar eu spun că aroma sa blândă și textura cremoasă sunt fundalul perfect pentru ingredientele sărate.

1 conopidă medie (aproximativ 1 1/2 lire sterline)

3 linguri ulei de masline

1 1/4 cană apă

2 catei de usturoi, feliati subtiri

Sare

1 1/2 cană măsline negre moi, precum Gaeta, fără sâmburi și feliate

4 hamsii, tocate (optional)

2 lingurl patrunjel proaspat tocat

1. Tăiați conopida în buchețe de 2 inci. Tăiați capetele tulpinilor. Tăiați tulpini groase în cruce în felii de 1/4 inch.

dezgheț. Se toarnă uleiul într-o tigaie mare și se adaugă conopida. Gatiti la foc mediu pana conopida incepe sa se rumeneasca. Adăugați apă, usturoi și un praf de sare. Acoperiți și fierbeți până când conopida este fragedă când este străpunsă cu un cuțit și apa s-a evaporat, aproximativ 10 minute.

3. Adaugam maslinele, ansoa si patrunjelul si amestecam bine. gătiți neacoperit încă 2 minute, amestecând din când în când. Se serveste fierbinte.

Conopida cu patrunjel si ceapa

Cavolfiore trifolat

Face 4 până la 6 porții

Ceapa, usturoiul și pătrunjelul adaugă aromă acestei conopidă, deoarece se aburește ușor în tigaie.

1 conopidă medie (aproximativ 1 1/2 lire sterline)

2 linguri ulei de masline

1 ceapa medie, tocata marunt

2 catei de usturoi, tocati marunt

2 linguri de apa

1 1/4 cana patrunjel proaspat tocat

Sare și piper negru proaspăt măcinat

1. Tăiați conopida în buchețe de 2 inci. Tăiați capetele tulpinilor. Îndepărtați pielea tare cu un curățător rotativ pentru legume. Tăiați tulpini groase în cruce în felii de 1/4 inch.

dezgheț. Intr-o tigaie mare caleste ceapa si usturoiul in ulei de masline si prajesti timp de 5 minute, amestecand din cand in cand.

3. Se adauga conopida, apa, patrunjel si sare si piper dupa gust. Amesteca bine. Acoperiți tigaia și gătiți încă 15 minute sau până când conopida este fragedă. Se serveste fierbinte.

www.ingramcontent.com/pod-product-compliance
Lightning Source LLC
Chambersburg PA
CBHW070407120526
44590CB00014B/1294